フリマアプリで遺品整理はじめました！

桐丸ゆい
Yui Kirimaru

ぶんか社

Contents

※本書の情報は2023年3月時のものです。
※漫画内に描かれている取引画面やロゴマークはイメージで、実際のものと異なる場合がございます。

娘や孫に
あげようと思って
時代遅れになった
服！服！
服！服！
一度も
使われないまま
死蔵されていた
皿！皿！
皿！皿！
よく床が
抜けないなと
思う量の
本！本！
本！本！
そして
ナゾのアイテムたち……！

第1話 フリマアプリで遺品整理を！

母方の
祖父母《そふぼ》の家は
都心の一軒家で
祖父と祖母が
続けて他界し
その葬式から
1年たった今でも
空き家のままだ
じいちゃんに
収集癖《へき》があって
ばあちゃんが
もったいない
精神のカタマリ
だったせいで
ありとあらゆる
ものであふれ
かえっている――
ねぇ
お母《かあ》さん
あの家の
遺品整理
どうするの？
片づけ
なんて……
まだ
そのままに
しときたいわ…
俺は
定年まで
忙しいから
無理だな
ひまそ〜じゃん

去年も同じこと
いってなかった――
はっ
毎年この
やりとりが
繰り返されて
忙しくて無理
まだそのままでいいでしょ
永遠に片づけ
られないまま
両親が
他界したら…
どーん
私ひとりで
祖父母の家と
両親の家の
片づけを
する可能性が!?
その時は私も
今より動けなく
なってるかも
しれないのに……!?
よぼよぼ
始めるなら
元気なうちに
やらなきゃ!

というわけで始めたけれど――
どれでも欲しいもの持っていってね
親戚や両親の知り合い
え？それだけ
いやー欲しいのはやまやまだけど
もらってくと息子夫婦にまたものが増えるって怒られるから…
期待してたほどものが減らないし
収納物を引っ張り出したせいで
ものがさらに増えた気が……
どっちゃり
ナゾのピエロ人形と能面を
持っていってくれたのはよかったけど
こうなったら小さい頃やったガレージセールでもやるしかないかな
ナツカシイナ～
不用品売ります ゆずります

……
ひらひら
ご自由にお持ち下さい。
ピンポーン
ふー
パタパタパタ
はーい
どちらさま?
メイー!
ういーっす
ばばん

よくぞきてくれた!
がしっ
無理やり呼び出しといてよくいう
無理
ひとりでは無理
このままじゃものに殺される
HELP
ヒドス
助けにこなければ次は姪《めい》であるあなたの番です…
それより外においてるの何あれ
今どきアナログすぎない?
え?
どうせガレージセールやるならネットでやりなよ
ふりまあぷり?
個人の売り買いをネットでするってこと
コレね
フリーマーケットのインターネット版っていえばわかる?
ネットで不要品が売れるの?
きょろきょろ

キラーン
ガレージセール行き
これ なんか 売れそう
ピピッ
パシャ
パシャ
パシャ
スッ
商品の情報を入力
商品の詳細
カテゴリー インテリア・住まい
商品の状態 やや傷や汚れあり
商品名と説明
スッ
ポチポチポチポチ
シュッ
はい 出品完了
えー そんなの 売れるかなぁ
それ百円で売ろうと思ってた花瓶だよ～？
ピンポロロン♪
なに？ メール？

さっそく売れたよ
11:20
← 一輪挿し 花瓶 フ…
SOLD
一輪挿し 花瓶 フラワーベース 花器 陶器製
白 ホワイト シンプル デザイン
¥2,000 送料込み
7
コメント
取引画面へ
えーっ
しかもけっこういいお値段!?
一輪挿し 花瓶 フラワーベース 花器 陶器
白 ホワイト シンプル デザイン
¥2,000 送料込み
ちょっと強気に設定してみた
どどん

う… うそみたい…
ここでは不要品でも誰かの必要品だったたってことだね
ありがとメイ――!!
がしっ
私が求めてたのはこれだ――!!
よーし!
フリマアプリで遺品整理をするしかない!
で…
どうやって始めればいいの?
これだからジュンちゃんは…
遺品残量
あと99%

第2話
いざ、出品!
フリマアプリで遺品整理するしかない!
こうしてアナログ人間の私は
デジタル人間である姪のメイと遺品整理することになったのですが——
じゃまずはフリマアプリのダウンロードだね
え?ネット上に「フリマアプリ」ってとこがあるんじゃないの?
……そっからか
晩ごはんおごるから教えて!
ね!ね!

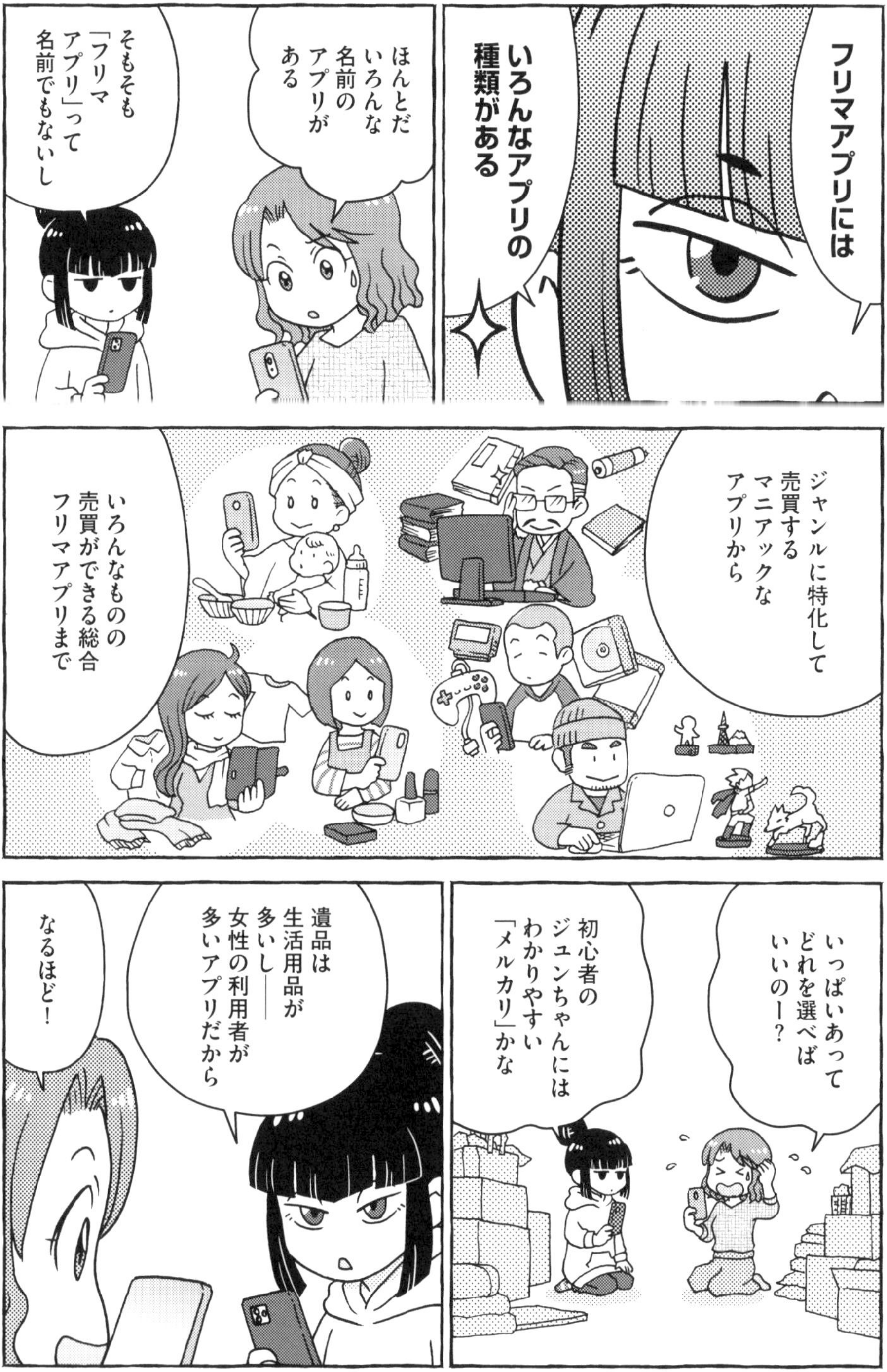
フリマアプリには
いろんなアプリの種類がある
ほんとだいろんな名前のアプリがある
そもそも「フリマアプリ」って名前でもないし
ジャンルに特化して売買するマニアックなアプリから
いろんなものの売買ができる総合フリマアプリまで
いっぱいあってどれを選べばいいのー？
初心者のジュンちゃんにはわかりやすい「メルカリ」かな
遺品は生活用品が多いし――女性の利用者が多いアプリだから
なるほど！

じゃあ さっそく ダウンロード…
まった!
私が 招待コードを 送るから それ使って
ポチポチポチ
招待コード?
あっ‼ 千円の ポイントが ついた⁉
残高(売上金
¥0
ポイント
P1000
キャンペーンで 紹介した 友達と自分に それぞれ ポイントが 入るってわけ
お得ー!
私も 両親を招待して ポイントを──
がしっ
まずは出品 でしょ!
ダウン ロード完了
じゃ 順を追って 説明してくから

最初に売りものの商品を撮影
パシャッ
パシャッ
ネットで調べて商品名を決めて
ポチポチ
ポチポチ
の情報を入力
インテリア・住まい・小物
やや傷や汚れあり
カップ ドリッ
次に説明文を書く
自宅長期保管品
ワレやカケはありません
キズや汚れがあるならそれもちゃんと説明
ポチポチ
ポチポチ
質問がくる前に商品サイズも測る
直径と高さは…
あとは金額と発送方法を決定したら
手数料が引かれることを考えて設定
¥500
¥10,000
¥5,000
サイズに応じた発送方法をえらぶ
ばばん
16:30
← マグカップ ドリッパ…
マグカップ ドリッパー 茶こし付き 2個セット
¥3,000 送料込み
いいね！
コメント
商品の編集
出品！

さすがデジタル世代の申し子
パチパチ
じゃやってみて
簡単簡単！
パシャッ
パシャッ
撮影♪撮影♪
ポチポチポチポチ
簡単簡単！
説明説明♪
出品完了！
みてみて
削除！
あーっ
何すんのメイ！
オニ！アクマ！

商品名のつけ方がダメ！
商品のサイズが抜けてる！
発送方法も間違ってる！
金額がボランティア並みに安すぎる！
ドドドドドドドド
ひーっ
写真のピントはずれてるし暗いし細部がわからないし
なんか怪しい感じになっちゃってるから！
これなんて自分が写り込んでるしね
世界中にさらされてるよ？
キャーーッ
1枚目に一番写りのいい写真
2枚目以降は別角度や状態がわかるものを
発送方法は何かあった時のために「匿名配送」を選ぶのがベター
金額は はじめは少し高めにして安くしていくのが定番だから
へー
あとこれが一番重要だけど
酒器
ぐい呑
お猪口
陶器
商品名には検索に引っかかりやすいワードをいれること

……
よし！
今度こそ無事に出品完了！
ま ギリ合格ラインかな
やったーっ
早く売れてくれないかな～
そわそわ
あっ「いいね！」がついた
きゃっ きゃっ
1個出しただけで満足しない
そんな余裕はない物量だから
ひっ
そーでした！
どっちゃり
売れた商品の梱包もしないとだし
え？
それも自分たちでやるの？
むしろなんで誰かがやってくれると思ってるの？

ピンポーン
誰だろ？
ネイバーイートでーす！
NAVER EAT
どーん
ええ!?
まさかお腹《なか》が減りすぎて無意識のうちに注文を!?
さっきおいしい店検索して注文しといた
メイあなた最高の相棒ね！
おごりなんでしょ
キレイに届けてくれる配達員でよかった
あこれおいしー！それも半分ちょうだい？
ね！ね！
遺品残量
あと99%

SPECIAL COLUMN

メルカリさんに聞きました！

mercari

1 まずは登録しよう！

作品内でもジュンとメイが利用している日本最大のフリマアプリ「メルカリ」さんに、出品や利用に関するアレコレをうかがいました！

※当コラムは、2023年3月の情報をもとにしています。

Q アプリの登録はどうやるの？

A 5ステップで簡単に登録ができます

❶アプリをダウンロードする

まずは、「メルカリ」のアプリをダウンロードします。「メルカリ」アプリは、iPhoneやiPadなら「App store」、AndroidやAndroidタブレットなら「Google Play Store」からダウンロードすることが可能です。それぞれの検索で「メルカリ」と入力すれば、見つけられます。ダウンロードは無料で行えます。

❷アプリを開く

アプリのダウンロードが完了したら、アプリを開きます。「スマホでかんたんフリマアプリ」というスタート画面が表示されるので、その下部にある「次へ」をタップしていき、最後に「さあ、はじめよう！」をタップします。

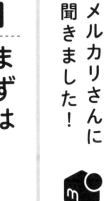

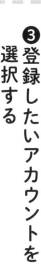

❸登録したいアカウントを選択する

メルカリは、「Facebookで新規登録」「Googleで新

規登録」「メールアドレスで新規登録」などの登録方法があり、いずれかひとつで登録可能です。好きなアカウントでの登録方法を選択して、タップします。ボタンの下にある利用規約も合わせて確認しておきましょう。

ここからは、「メールアドレスで新規登録」の手順を解説していきます。

❹会員登録情報を入力する

「メールアドレスで新規登録」をタップすると、会員登録情報を入力するページになります。指示に従って、情報を入力します。

入力する会員登録情報は、以下の通りです。

「メールアドレス」・「パスワード」・「ニックネーム」・「招待コード（**持っている方のみ**）**」**

入力後、「次へ」をタップし、**姓名**や**生年月日**の本人情報を入力したら、「次へ」をタップします。

※会員情報の入力では、本名での登録が必須となり、本名以外の名前で登録することは禁止されています。登録した情報が虚偽であるとメルカリが判断した場合、ユーザー登録の取り消しや、利用停止などの措置が取られます。必ず本名で登録するようにしてください。

本名で登録すると、取引などで不安になる方も少なくないでしょう。そんな方のために、「メルカリ」では利用の際はニックネーム表示ができたり、配送では匿名配送が使えたりするなど、個人情報を守るためのサービスが利用できます。

❺電話番号を認証する

「メルカリ」では、本人確認のために、電話番号の確認が必要になります。電話番号を登録するのは、本人確認や不正利用防止のために使われるだけで、他の利用者に公開されることはないので安心してください。

電話番号の確認は、ＳＭＳ（ショートメッセージサービス）を利用して認証を行います。使っている携帯番号を入力したら「次へ」をタップし、確認画面で「送る」をタップします。ＳＭＳで4桁の認証番号が送られてくるので、その番号を入力して、「認証して完了」をタップします。

認証が終了したら、登録は完了です！

SPECIAL COLUMN

メルカリさんに聞きました！

mercari

2 商品を出品しよう！

Q 商品写真はどう撮れば？

A いくつかポイントを紹介します

❶写真の登録方法は2種類

商品写真は「メルカリ」アプリから撮影したものと、通常のカメラアプリで撮影したもの、いずれの写真も使えます。事前にまとめて出品する商品の写真を撮っておきたい、アプリ上で写真のトリミング等の加工をしたいなど、用途によって使い分けましょう。

❷商品をキレイな状態に

こちらも重要です。たとえば衣服なら洗濯してアイロンがけしてきちんと畳むなど、写真撮影前には事前に拭いたり洗ったり、できるだけ状態をキレイに整えておきましょう。このひと手間で写真のクオリティーも売れる値段も大きく変わりますよ。

❸撮影場所は明るいところで

明るい場所で、かつ眩《まぶ》しすぎない加減が大切です。撮影環境やアイテムによって異なることもありますが、まずは以下のポイントを意識して撮ってみてください。

- **アイテムの上側から光が差しこむ向きで撮影すると、自然な形の影になる**
- **蛍光灯・日光など、複数の光が混ざるとキレイに撮りにくい。よく晴れていれば、照明を消すのも◎**
- **黒色など濃い色のアイテムは、反射による映り込みに気をつける**

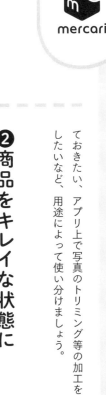

❹まわりによけいなものを置かない

たとえアイテムがキレイでも、ごちゃごちゃした背景が写っていては目立たず、商品の良さが伝えづらくなります。スッキリとした場所で撮影しましょう。

アイテムのカラーにもよりますが、白い画用紙などを敷いてその上にアイテムを置いて目立たせると、清潔感もあり、明るくキレイな写真になります。

写真のピントはずれてるし暗いし細部がわからないし
なんか怪しい感じになっちゃってるから！

❺複数の写真を用意する

写真は1枚目がトップに出るので全体像がわかり、魅力が伝わりやすいものを選んでください。写真は**複数枚（メインとなる全体像を撮った写真＋細部の写真）**を用意して、〝商品全体のイメージがわかるように配慮すること〟は、必ず意識しておきたいポイントです。

細部の写真は、**傷がある部分**など、アイテムの状態を伝えるための写真・**ブランドのロゴやシリアルコード**など、正規品であることを伝えるための写真・特に強調したいアイテムの魅力が伝わる部分の写真などです。傷など、商品のダメージは隠さず正直に伝えることでトラブル回避につながりますので、必ず撮りましょう。

1枚目に一番写りのいい写真
2枚目以降は別角度や状態がわかるものを

Q 商品名をつけるポイントは？
A 検索を意識しましょう

「メルカリ」で商品を売るためには、いかに購入者に見つけてもらうかが重要。商品名は、**ブランド名・アイテム名・色・サイズ**など、利用者が検索しそうな文言を加えるのがポイントです。たとえば「〇〇（ブランドやショップ）の半袖Tシャツ・緑色・Lサイズ」など。

また、商品名は綴《つづ》りなどを調べて、正確に記載を。一般的な略称がある場合は、そちらも記載すると、検索に引っかかりやすくなり、表示される可能性がアップします。

Q 商品に傷がある時は？
A 正直に記載しましょう

「メルカリ」に出品する商品は、中古品であることが多いため、多少の傷や汚れがついている可能性があります。出品前にできる限りキレイな状態にすることはもちろん必要ですが、とれない傷や汚れがある場合は、正直に記載しましょう。高く売りたいからと、傷や汚れについて記載しなかったり、ごまかしたりして出品すると、取引の際にトラブルになる可能性が高くなります。

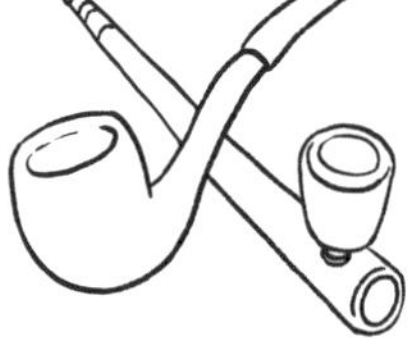

ジュンちゃん
これ見て
何なに？
大量の紙袋と
お菓子の空き箱
でででーん
実家には
ありがち
だよね〜…
捨てて
しまおうか？
何かに
使えるから
取っとこ
それが
ものの増える
原因では
たしかに
第3話
梱包の極意!?
見て見て
入れ子にして
マトリョーシカ
箱に！
じゃーん
それ どこに
何を入れたか
わからなく
なるやつだよね

じゃあ売れた商品の梱包と発送を
メイが売った花瓶ね
ちょうど練習になるかなと
宅販便で届いた箱が一箱あるから
梱包に必要な三種の神器って何かわかる?
キラーン
冷蔵庫洗濯機テレビでしょ?
それは昭和《しょうわ》の三種の神器
袋と緩衝材と箱でしょ
うそうそ!
それは普通の梱包
ごそごそ
フリマアプリの梱包の三種の神器は
カッターとビニールテープとメジャー!
ばばーん

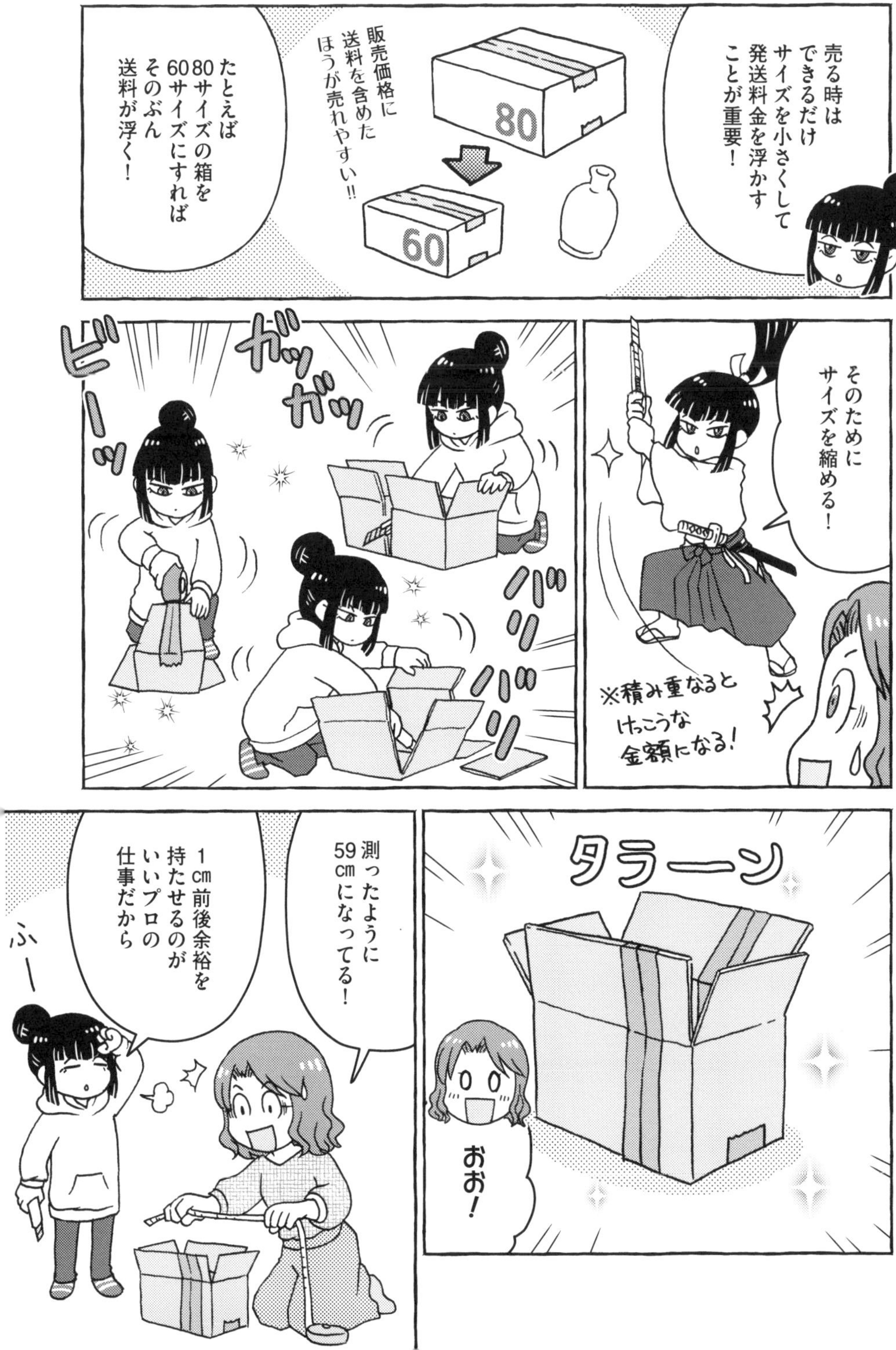
売る時は
できるだけ
サイズを小さくして
発送料金を浮かす
ことが重要！
販売価格に
送料を含めた
ほうが売れやすい!!
80
60
たとえば
80サイズの箱を
60サイズにすれば
そのぶん
送料が浮く！
そのために
サイズを縮める！
※積み重なると
けっこうな
金額になる！
ビーーッ
ガッ
ガッ
バリ
バリ
タラーーン
おお！
測ったように
59㎝になってる！
1㎝前後余裕を
持たせるのが
いいプロの
仕事だから
ふーー

きゅっ
きゅっ
あとはここで使われなくなったものが——
次に使ってくれる人のもとに無事に届くように
サッ
ぎゅっ
割れないようていねいに梱包して
雨が降っても濡れないようにきっちり封をしたら
ぴっ
完了！
まさかジュンちゃんがフリマにおける最大の奥義「まごころ」をすでに会得してるとは
私生活でもこのまごころを発揮できてれば今頃…
そのクチビニールテープで塞《ふさ》がれたい？
ビーーッ

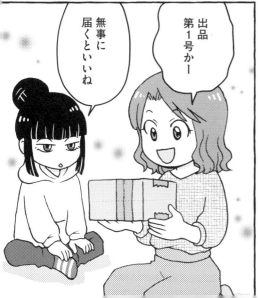

宛先を書いて貼らなくていいの？
そこが「メルカリ」の最大の利点
店頭で発送用のコードを読み込めば伝票が出る！
QRコード
バーコード
ピ
ガー
はー！便利！
何度も自分の住所とか書くの面倒だったんだよね〜
エヘヘ
匿名配送だから相手の宛先も書かなくていいしね
発送には窓口受付のほかに無人ロッカーもある
えっ!? 無人ロッカー!?
そんなSFみたいなことになってるなんて…！
オニモツヲドウゾ
ピー
そこまではなってない
出品第1号かー
無事に届くといいね

ピンポロロン
!
ピンポロロン
あ!
出したやつがたてつづけに売れた!
でも売れたら売れたで梱包する箱がなくて困るかも
う〜ん
ホームセンターも閉まってるし
ネットで注文してもくるまでに時間かかるし
だっ
今まさにこれの出番じゃないっ?
ばばん
どこの家にもあるナゾの箱と紙袋!
まさかこの菓子箱を再利用する日が来るとは…
じゃあ私はこのなつかしい絵柄のデパートの紙袋を

ねぇメイ
私は通うのが面倒だから
もうここに住みながら遺品整理してて今度荷物も送られてくるけど
あんたもいっそここに住んじゃえば？
部屋もあいてるし
またジュンちゃんはすぐ思いつきで
……
たしかに家賃が浮いていいかも
どうせミニマリストみたいな生活してるし
そうこなくっちゃ！
何日も人と話さないこともあるし
それは問題ね……
梱包完了
じゃ明日仕事いくついでに出しとくね

越してきたはいいけど……
大量の遺品があるところに私とジュンちゃんの荷物がきたから
さらにカオスになってない?
ひーっ
それを考えてなかったー!
どーーん
今まで以上にがんばってものを売っていかないと～!
前途多難…
遺品残量
あと98%

SPECIAL COLUMN

メルカリさんに聞きました!

mercari

3 商品を匿名配送しよう!

作品内でも登場していますが、「メルカリ」では個人情報を隠した状態で取引・発送作業ができます。ここでは、匿名配送について説明します。

Q 個人情報が心配です…
A 匿名配送ができます!

❶ニックネームを登録

「メルカリ」では、本名登録とは別にニックネームをつけることができます。一般的な売買取引までの段階はニックネームでのやり取りが可能になるため、相手に本名を知られることはありません。マイページの「個人情報設定」から「プロフィール設定」を選択し、ニックネームの変更を行ったのち、「更新する」のボタンを押すことでニックネームの設定ができます。

❷配送方法で「メルカリ便」を選択

「メルカリ」が提供する匿名配送には、ヤマト運輸が扱う**「らくらくメルカリ便」**と、日本郵便が扱う**「ゆうゆうメルカリ便」**があります。商品出品時に、**「配送の方法」**で**「らくらくメルカリ便」**、もしくは**「ゆうゆうメルカリ便」**を選ぶと、送り主・受取人の双方の個人情報を隠した状態で匿名発送ができます。これを指定しておくだけで、自分の名前・住所のどちらも相手に知られることなく、取引をすることができます。

そのほかにも、梱包・発送をすべて「メルカリ」のサービスに一任できる**「梱包・発送たのメル便」**に変更しても、匿名配送にすることができます。

※取引開始後に「梱包・発送たのメル便」への変更はできません

次ページからは匿名配送の種類と料金を表にしてお知らせします。配送料を「送料込み(出品者負担)」にすると売れやすくなりますが、値段設定は送料を含んで設定しましょう。

2023年1月版

※「梱包・発送たのメル便」に関しては、P57からのコラムで詳しく説明します。

全国一律料金（税込）	匿名配送	追跡	保障	発送場所	受取場所
1kg以内 **210**円	●	●	●	ヤマト営業所 セブン-イレブン ファミリーマート 宅配便ロッカー PUDO メルカリポスト	郵便受け
1kg以内 **230**円	●	●	●	郵便局 ローソン スマリボックス	郵便受け コンビニ 郵便局 はこぽす
2kg以内 **215**円	●	●	●	郵便ポスト	
ゆうパケットポスト専用箱……**65**円 ゆうパケットポスト発送用シール1枚……**5**円 ※メルカリストア価格 ※20枚入り100円より算出	●	●	●		
450円 専用BOX……**70**円 ※メルカリストア価格 ※5枚セット350円より算出	●	●	●	ヤマト営業所 セブン-イレブン ファミリーマート 宅配便ロッカー PUDO 自宅集荷（+100円） メルカリポスト	対面受取
60サイズ（2kg以内）……**750**円 80サイズ（5kg以内）……**850**円 100サイズ（10kg以内）……**1,050**円 120サイズ（15kg以内）……**1,200**円 140サイズ（20kg以内）……**1,450**円 160サイズ（25kg以内）……**1,700**円	●	●	●	ヤマト営業所 セブン-イレブン ファミリーマート 宅配便ロッカー PUDO 自宅集荷（+100円） スマリボックス	
2kg以内 **455**円 専用BOX……**65**円 ※メルカリストア価格 ※5枚セット325円より算出	●	●	●	郵便局 ローソン スマリボックス	ポスト投函 コンビニ 郵便局 はこぽす
60サイズ……**770**円 80サイズ……**870**円 100サイズ……**1,070**円 ※重量25kg以内	●	●	●	郵便局 ローソン	対面受取 コンビニ 郵便局 はこぽす

匿名配送方法 早わかり表

	配送方法	商品例	サイズ 縦	サイズ 横	サイズ 厚さ
小〜中型サイズ	らくらくメルカリ便 **ネコポス**	薄手の衣類 アクセサリー コスメ 本 CD など	角形A4サイズ 23〜31.2cm以内	11.5〜22.8cm以内	3cm以内
小〜中型サイズ	ゆうゆうメルカリ便 **ゆうパケット**	薄手の衣類 アクセサリー コスメ 本 CD など	A4サイズ 3辺合計60cm以内 長辺34cm以内		3cm以内
小〜中型サイズ	ゆうゆうメルカリ便 **ゆうパケットポスト**	薄手の衣類 アクセサリー コスメ 本 CD など	【専用箱】 32.7cm	22.8cm	3cm
小〜中型サイズ	ゆうゆうメルカリ便 **ゆうパケットポスト**	薄手の衣類 アクセサリー コスメ 本 CD など	【発送用シール】 3辺合計60cm以内、長辺34cm以内、かつ郵便ポストに投函可能なもの		
中〜大型サイズ	らくらくメルカリ便 **宅急便コンパクト**	ハードカバーの本 小型のおもちゃ 雑貨 など	【薄型専用BOX】 24.8cm	34cm	※収納時の厚さは外寸5cmまで
中〜大型サイズ	らくらくメルカリ便 **宅急便コンパクト**	ハードカバーの本 小型のおもちゃ 雑貨 など	【専用BOX】 20cm	25cm	5cm
中〜大型サイズ	らくらくメルカリ便 **宅急便**	厚手の衣類 バッグ スニーカー 小型家電 など	3辺合計160cm以内		
中〜大型サイズ	ゆうゆうメルカリ便 **ゆうパケットプラス**	ハードカバーの本 小型のおもちゃ 雑貨 など	【専用BOX】 17cm	24cm	7cm
中〜大型サイズ	ゆうゆうメルカリ便 **ゆうパック**	厚手の衣類 バッグ スニーカー 小型家電 など	3辺合計100cm以内		

第4話 服の山をどうする!?

おはよー
あれ? メイ~?
わっ
むくり
あ ジュンちゃん おはよ
こんなとこで寝ないでよ!
びっくりしたー!
段ボール思ったより快適だよ

最初に大型荷物を出品したいとこだけど…
荷物の山で埋まってるこの状態じゃね
うーん
どっちゃり
まずはスペース確保のために…
遺品整理の衣・食・住の「衣」
ばばん
最大質量の洋服関係を出すしかない！
……ところで遺品整理の衣食住って？
ざっくり分類してみた
衣
住
食
わかりやすいでしょ

比較的状態のよさそうなものをフリマアプリで出品してみたけど
売れないねー…
アプリで売るならブランド物やはやりのデザイン
もしくは子供服かな
ノーブランドに流行遅れの古着じゃね…
私も服やカバンや靴《くつ》がついつい増えちゃって
まだ着れると思うと手放せなくてさー
捨てられない遺伝子が脈々《みゃくみゃく》と…
ふー やれやれ
遺伝子ならあなたもでしょうが!
失礼な!
私は下着は半年に一度買うって決めてるし
普段着る洋服は各種通販サイトでカートに入れといて
セールの時にポチるだけだから
ポチ ポチ
店頭で買い物したことなんてほぼないよ
ガン
よけいな買い物はしない

アプリでの購入を待ってたら片づかないままだよ
こうなったら今回はフリマアプリ以外の力をかりて――
ばん
持ち込みじゃなくて箱詰めで買い取りしてくれるお店で一気に処分を!
リストアップ済み
さすが仕事が早い!
さいあく寄付という形でもいいんだけど
ボランティア団体とか…
どんだけ捨てたくないの
寄付の場合送料は負担ってとこが多いから
ここは未使用品のみの受け付けになってる
いまは海外にボランティアで服を送るっていっても
なんでも引き受けてくれるわけじゃないのね
シラナカッタ…
人口は増加しつづけてるように見えて
貧困層は減ってきてるから次の世代では人口も減少に転じると――
どこでそんな知識を…
『ファクトフルネス』で読んだ

※荷物の縦横高さ（厚さ）の３辺の合計が100㎝以内

どーーん
選別完了!
正直 選別にひと月も かかるとは 思わなかったけど
選別のあいだに 季節が 変わったもんね
でも 心地よい疲労と 達成感に 包まれてない?
どうして人は 生きてるうちに これができない のかしら
ジュンちゃんも ついでに 衣類整理したら よかったのに
こ これは まだ待って!

ちわーす
宅配便です
はーい
ご苦労さま
ブゥウウウーン
ここで
不要になった
服でも
どこかで
誰かが有効活用
してくれるんだね

――後日
メイ！服を送った買取店からメールがきてる
えーなになに買い取り額は…
洋服買取リサイクル
このたびは弊社をご利用いただきありがとうございました。
洋服の査定額についてお知らせいたします
サイズ×10箱
衣類 10点
50点
10箱で500円
ぶーっ
ひと月かけて選別したあの大量の衣類が？
まじで
ちょっと買い取り額に期待してた自分が恥ずかしい…
ん
さらにメールの続きが……
買取額は500円に
それから
こちらも送料無料で
引受けてはおりますが
処分するにも費用がかかります
ので捨てるだけの服を送って
ないようお願いします。
まさかの説教!?
がんばって仕分けたのにー
遺品整理は難しい……
ジーワ
ジーワ
遺品残量
あと75%

SPECIAL COLUMN

メルカリさんに聞きました！

mercari

4 洋服の出品について

作品内では、フリマアプリを使わず別の方法で処分した洋服ですが、ここでは「メルカリ」で洋服を出品する時のポイントを聞いてみました！

Q 洋服の出品のコツは？

A 商品情報を詳しく載せましょう

購入を検討している人は、商品を検索するときに「Tシャツ」や「緑」など、自分が希望する洋服の特徴を単語で入力して検索します。商品情報に書いてある単語が抽出されて検索結果に反映されるので、できるだけたくさんの情報を載せておくことをおすすめします。載せたほうがいい情報は以下の5つです。できる限り、買う側が感じる疑問を減らしておくことが、売れやすくするためのポイントです。

❶ブランド名

ブランド名は正式名称をきちんと確認し、正確に記載します。一般的な通称がある場合は、通称も一緒に記載しておくと、検索されやすくなるのでおすすめです。

❷商品の状態

商品の状態は、取引後のトラブルを防ぐためにも、ごまかさず正直に記載しましょう。この時、ペットを飼っている方やタバコを吸う方は、そのことに触れた上で、きちんとクリーニングしていることを記載すると買う側は安心できます。

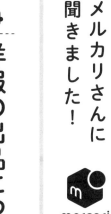

❸サイズ感

サイズ感は、「M」「L」などを記載することはもちろん、「160㎝50㎏がMサイズを着ると、丈はこのくらいです」など、自分が着たときのサイズ感も一緒に記載しておくと、より親切です。買う側はサイズの想像がしやすく、購入後の失敗が減るので売れやすくなります。

❹商品の色

出品する際に掲載する写真と、実際の商品の色味が違ってしまう場合があります。そんな時には、商品情報の欄に、「写真よりも明るめの(暗めの)グレーです」など補足情報を記載すると良いでしょう。

❺出品理由

「なぜこの商品は出品されているのか？」と疑問に思う方もいるので、買う側の疑問を解消するためにも、「サイズが合わなくなったため」「クローゼットを整理するため」など出品理由を記載しておくことをおすすめします。

Q その他のコツは？
A 出品時間帯を工夫しましょう！

これは洋服に限らず、どの商品にもいえることです。

出品した商品を買ってもらうためには、その商品を見つけてもらう必要があります。その商品を探しているターゲットが、スマホをよく見る時間に合わせて出品すると、見つけてもらいやすくなります。

人の目に付きやすいタイミングは、**午前9時頃**、**正午前後**、**午後10時頃**などです。この時間帯を見計らって出品すると、買ってもらえる可能性が高まります。深夜時間帯は寝ている人も多いため、出品タイミングとしては微妙です。

服がなくなって
スペースができたから
目的の物を探せる
ようになった
ピコ
ピコ
ピコ
なんだかリアル
※『倉庫番《そうこばん》』って
感じだね
倉庫番？
何それ
ガーン
ジェネ
レーション
ギャップ！

※1982年に発売されたコンピュータパズルゲーム

第5話
フリマアプリで
大型家具を！
とりあえず
これで家具が
出品できる！
どーん

遺品整理における衣食住の〝衣(服)〟は攻略したから
次は先にやりたかった〝住〟の家具類かな
でも家具なんてどうやって処分するの?
地元の掲示板みたいな地域サービスもあるけど
引き取りにきたりとかいろいろあるから――
家具もやっぱりフリマアプリで売る!
ばぃぃん
えーネットで中古の家具なんて売れる?
どんなものでも売れるよ
少しでも安く買いたい人も多いからね
少しでも安く買いたい人
「メルカリ」は宅配業者と提携してるから
大型家具でも発送できるし
それに「メルカリ」の「梱包・発送たのメル便」は匿名配送で送れるから
何かあった時に安心でしょ
ポチポチ

でもなんでも
匿名化で事務的に
なってきたせいで
はー
ステキな出会い
とかもなくなって
きた気がするなー
それは
もともと
ないのでは…
ガッ
!
声にならないいたみ
家具も
壊れたりして
売れないやつは
粗大ゴミで
出さなくちゃ
いけないから
まずは
状態確認
おじいちゃん
おばあちゃん
こんなボロボロの
家具を買い替えないで
使ってたんだねー
そうやって
節約した分を
お年玉とかで
くれてたんでしょ
そーでした

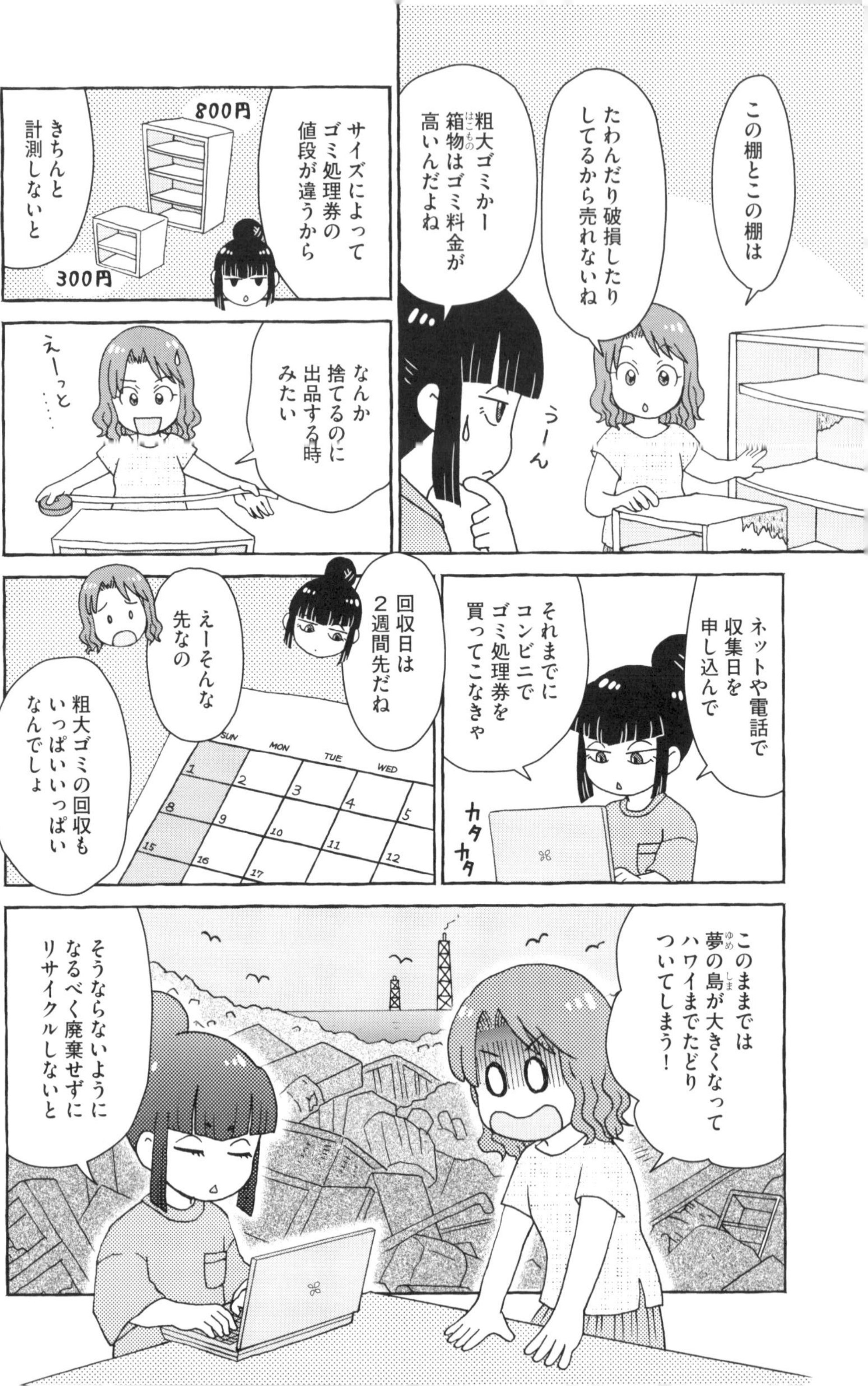
この棚とこの棚は
たわんだり破損したりしてるから売れないね
粗大ゴミかー 箱物《はこもの》はゴミ料金が高いんだよね
うーん
サイズによってゴミ処理券の値段が違うから
800円
300円
きちんと計測しないと
なんか捨てるのに出品する時みたい
えーっと……
ネットや電話で収集日を申し込んで
それまでにコンビニでゴミ処理券を買ってこなきゃ
カタカタ
回収日は2週間先だね
えーそんな先なの
粗大ゴミの回収もいっぱいいっぱいなんでしょ
SUN MON TUE WED
このままでは夢《ゆめ》の島《しま》が大きくなってハワイまでたどりついてしまう！
そうならないようになるべく廃棄せずにリサイクルしないと

よし！
じゃあ それまでに
ほかの大型家具も
「メルカリ」で
売ってしまおう！
パシャッ
撮影
サッ
サッ
計測
状態は細かく
書かないとね
十年ほど前に購入
したダイニング
座面に目立った
ダメージはナシ
脚部に少し
キズがあります
が写真にて
確認をして
ポチ
ポチ
たのメル便の
サイズは80cmから
450cmまで！
80
120
160
200
250
300
350
400
高さ
三辺の長さ
幅
奥行き
配送できない
対象外の場所が
あるから注意ね
説明に書いとくと親切かも
サイズを選んでから
送料込みにして
販売価格を入力すれば
アプリが
自動で送料込みの
販売価格を表示
してくれるよ
ナルホドー
出品
ポチ
¥8,000
¥800
¥7,200
あとは売れたら
業者さんが
きてくれて
梱包から
集荷までやって
くれるから

――数日後
あっ
ベッドが売れた!
ベッドなんて
売れないと
思ってたのに
あのベッド
何げに
ブランドもの
だったから
ポチ
ポチ
あとは
集荷の日を
指定すれば――
こんにち
はー
宅配業者さんがきて
梱包と運び出しを
してくれる
しつれい
しまーす
テキ
テキ
パキ
パキ

そっち
どうだ？
大丈夫でーす
あのベッド
ドア通るのかな
……？
ハラハラ
スッ
通ったー！
あの人たち
プロ中の
プロだから
パチパチパチパチ
それじゃ
通路等に破損ないか
確認いただいて
問題なければ
こちらにサインを
お願いします
はい
サラサラ
へー
ほー
はー
自分のこと梱包とか
うまいほうだと
思ってたけど
プロフェッショナル
すぎる……
ふー
レベルがちがいすぎ…

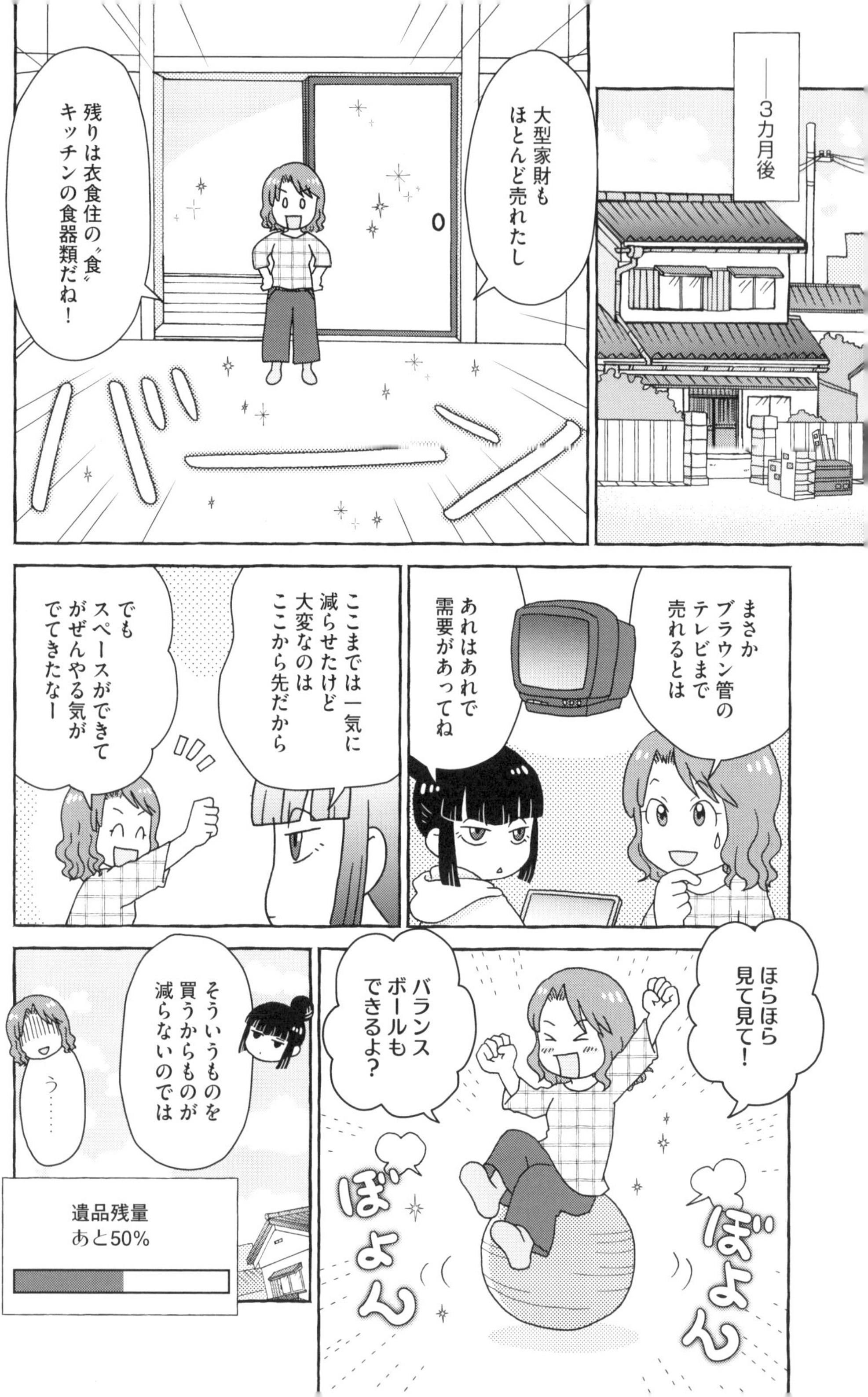

――3カ月後
大型家財もほとんど売れたし
残りは衣食住の〝食〟キッチンの食器類だね！
バ――ン
まさかブラウン管のテレビまで売れるとは
あれはあれで需要があってね
ここまでは一気に減らせたけど大変なのはここから先だから
でもスペースができてがぜんやる気がでてきたなー
ほらほら見て見て！
バランスボールもできるよ？
ぼよん
ぼよん
そういうものを買うからものが減らないのでは
う……
遺品残量
あと50%

SPECIAL COLUMN

メルカリさんに聞きました！

mercari

5 おまかせ配送！

Q 発送作業が面倒です…

A 「梱包・発送たのメル便」があります！

作中の大型家具に限らず、「メルカリ」では集荷・梱包までを配送業者にお願いできる「**梱包・発送たのメル便**」というサービスがあります。出品時に配送方法を「梱包・発送たのメル便」と選べば、集荷・梱包・搬出をすべてプロにおまかせして配送することができますよ。

※利用不可地域、配送不可商品がございます。詳しくは「メルカリ」のガイドページでご確認ください。

●幅広い商品に対応

梱包材不要で、梱包方法がわからなくて出品できなかった商品も、手間なく簡単に送れます。

●匿名配送

宛名書き不要で、出品者と購入者が、互いに名前や住所を知らせることなく取引できます。

●梱包しづらい家電や大型家具も！

テレビや電子レンジなどの家電、ソファやベッドなどの大型家具はもちろん、ゴルフバッグやベビーカーなど、さまざまなものに利用できます。

●あんしん配送サポート

万が一、配送時のトラブルで商品紛失・破損等が発生した際にはメルカリが適切にサポート！

次ページからは、サイズと料金の一覧をご紹介します。

mercari

梱包・発送たのメル便

2023年1月版

サイズ・品物の例（縦・横・高さの3辺合計）		料金（税込）
80サイズ (80cmまで)	スニーカー／ハンドバッグ／衣類／ ショルダーバッグなど	**¥1,700**
120サイズ (120cmまで)	炊飯器／電子レンジ／掃除機／ コーヒーメーカーなど	**¥2,400**
160サイズ (160cmまで)	テレビ／空気清浄機／ チャイルドシート／キャリーバッグなど	**¥3,400**
200サイズ (200cmまで)	押入ダンス／肘掛け椅子／座卓／ エアコン(室外機)など	**¥5,000**
250サイズ (250cmまで)	全自動洗濯機／ドラム式洗濯機／ 学童机／カーペット(6畳・4.5畳)／ 単身用冷蔵庫／布団袋など	**¥8,600**
300サイズ (300cmまで)	ソファ(2人掛け)／ 自転車(22インチ)／食器棚など	**¥12,000**
350サイズ (350cmまで)	家庭用冷蔵庫(大型)／ シングルベッド(簡易型)／ 自転車(26インチ)／タンス／本棚など	**¥18,500**
400サイズ (400cmまで)	ダブルベッド／衣装タンスなど	**¥25,400**
450サイズ (450cmまで)	カウチソファなど	**¥33,000**

※実重量はすべてのサイズにおいて「150kg以下」のお取り扱いとなります。
※実重量が「100kg」を超えるお荷物は、搬出時、搬入時に追加料金が発生します。
　追加料金は、ドライバーへ直接お支払いいただきます。

どん
どん
どん
第6話
フリマアプリで食器の山を！
せっかくスペースができたのに
食器を出したら床という床が埋まっちゃったよー！
コップ
グラス
ばばーん

「遺品整理の衣食住」でほとんどを占める最後の「食」――
食器類！
ここから先はコツコツひとつずつ売っていくしかない
キャー
ばん
年単位の長期戦になる！
このあたりはふだん使ってた食器っぽいなー
同じような大皿が何枚もあるんだけど…
あっ それは！
お正月用の特別皿
昔はさ～行事ごとに親せき一同が集まってたんだよね～
みんなでお膳《ぜん》を囲んでさー
ナツカシー
ジュンちゃん手が止まってる！
はっ
ごめんごめん！

こっちの箱はなんだろ
のし紙がついてる…
ぱかっ
キラーーン
未使用の高級ティーカップセット！
いい食器ほど大事にしすぎて使ってないとかあるある…
これは高く売れそうじゃん
使用済みで中古の食器類はタイトルや説明文をどうするかなー
意外にブランドや窯元《かまもと》のファンがいたりするからね
有田焼　龍峰窯　瑞祥　赤絵
碗　器　和食器　煮物鉢
サイズ　約14cm×　高さ約6c
長期自宅保管品。
経年によるスレや汚れはご
中古品であることをご理解の
ご検討いただければと思いま
お皿の裏にあるブランドマークや陶印《とういん》でたどるといいかも
ナルホドー
これ裏になんにもかいてないよ
そういう時は撮影した写真を画像検索
ポチ
はい
ドドーン
食器探偵！
スゴイ！

じゃあ
どんどん出品
してくよ！
パシャッ
パシャッ
サッ
サッ
ポチ
ポチ
やった！
売れた！
見て見て
メイ！
ん？
でで〜ん
こっちには
出品前の商品
こっちには
出品済みの商品を
入れてみました
これなら
売れたものを
取り出すのにも
便利！
衣類が入ってた
プラケースにまさか
第二の人生が
ラベルとか
はるのも
ありかな！
一連の
やりとりも
すっかり
慣れたね
最初は大変
だったけど
システム化
されるとラク！

うーん
どうしたの？
受け取りの評価が遅いなーって
1週間前に送ったワイングラスセットなんだけど
向こうには届いてるみたいなのに
「受取評価」がないとこちらに入金されないからねー
お届け先にお届け済み
ピンポロロン
ウワサをすればきたきた――
あれ取引メッセージ？
吉さんから
取引メッセージが
ています
JUN
本日発送をいたしました
到着までお待ち下さい。
9月21日 16:10
ぴよ吉
本日確認したところ
ワイングラスが
割れて届きました。
2分前
ガーン

あわわわ
どどどど
どうしよう!
あわわ
とりあえず
落ち着いて
私も前に
「メルカリ」で買った
コップが割れて
届いたことがある
まあまあ
あること
だから
ガーーン
え――――!
7匹のネコの
ノベルティーの
レアコップが
ひどいありさま
あれは
微妙に梱包が
甘かったのが…
って
それはさておき
ゴゴゴゴ
メルカリ便で
送った品なら
ちゃんと保障される
システムがあるから
ほほほ
ほんとに?
この場合 購入者から
「メルカリ」の事務局に
問い合わせてもらう
ポコン
ぴよ吉
JUN
御連絡ありがとうございま
まことに申し訳ございませ
お店でないので交換できな
調べましたところ、
おそらく下記のような
メルカリ便での返金対応と
なるようです
ポチポチ
ドキドキ
マイページの
お問い合わせから
「取引中の
商品について」を選択
取引中の商品ID を選択
「商品に
不備・破損がある」
を選択
商品の状態の情報と
画像を添付して送信

ピンポロロン
あっ
問い合わせ送ったって返信がきてる
あとは事務局からの返信待ちだね
梱包はしっかりしてあったしこっちに不備はないはず
むこうもメッセージを見た感じまともな人だったし
いきなり「残念」の評価を入れられて取引終了なんてこともあるからね
ううっ
それはイヤー
数日後――
返信キター――!
ぱああ
取引がなかったことになって
事務局から手数料を引いた売上分の金額入金
残高履歴
事務局による補填
2019/09/30 18:00
有田焼 永正窯
2019/09/20 8:30
雪華文 大皿
2019/09/18
貫入皿 菱形皿
相手には購入代の返金がすでにされてる!
スピーディ!!
問題はこれで解決
ワレたものはとり戻せないけどね
利用者第一でしっかりしてる……!
ほー

この数カ月でお皿に詳しくなっちゃったな
あっこの九谷焼《くたにやき》の小皿かわいー
こっちの漆器《しっき》の器もステキ!
何ジュンちゃん
皿を売って減らしたのにまた増やす気?
最近見る目が養われて欲しいお皿がでてきたの
気分は鑑定士。
いい仕事してますね〜
ズバッ
ねぇこのお皿買って――
ダメ
ピンポロロン
せめて画像を見てから…
うん?
た…大変!メイ!
この前売った椅子《いす》が!!
今度は何?
どん
こ…これは…
遺品残量
あと49%

この取引メッセージは!?
何？振り込め詐欺《さぎ》メッセでもきた？
ばーん
ダイ
届いた椅子ですが
脚の部分のキャップがないです。
腰かけるとガタついて座れません
このようなわかりやすい不備に
気が付かないはずはありません。
不備を承知していながら
売りつけたのですか？
その説明はなかったようですが？？
9月20日 14:20
キャップ？
あーん！せっかく売れたと思ったのにー！
どぉぉぉん
やっぱりあの椅子は呪いの椅子だったんだ――!!
第7話
フリマアプリと呪いの椅子

数週間前
あれ？
この椅子なんだろ？
その椅子はたしかダイニングテーブルを買った時についてきたやつだったと思う
うろ覚えだけど…
もとの椅子があるから使わなかったけど捨てなかったんじゃない？
昔の人は空間が何より高いってことを理解していない
どうする？処分する？
粗大ゴミ処理券で300円になるけど
×《かける》4脚
う…それは地味に大きい…
よーし！
このまま勢いに乗って
この椅子もフリマアプリで売っちゃおう！
イエーイ☆
パシャッ
パシャッ
しかし後《のち》にあんな恐ろしいことになるとは思いもしなかったのです――

出品完了！
とりあえず2脚セットで出して
説明文にもう1セットあるって書いておこう
あ
わりと「いいね！」がつく
これならすぐに売れるかもー♪
なんか質問きたね
おかえり
え？
何なに
長期保管品とのことですがキズや汚れの詳しい状態をお知らせください(*^^*)
中古扱いで出してるし
ダメージもわかる範囲で書いてあるけど
サッ
ほかにもあるかチェックしておこう
サッ
サッ
質問のお返事完了
売れてくれたらいいなー
ポチッ

ピローン
ん？また同じ人から質問？
ダメージ箇所の写真を追加してもらえますか？(*^^*)
でもアップできる写真の数は限度があるからなー
フォトショで1枚にまとめて上げられる
さすが！
ピローン
あれ？また質問きた？
写真のほかにキズや汚れなどありませんか？(*^^*)
あればすべての詳細お願いします！(*^^*)
うーん大変だなー
もう一回チェックしてみよ……
！
待った！
ほえ？
この人の評価見てみて
あ！
「残念」がいくつもついてる！
しかもコメント欄で喧嘩《けんか》したり
報復評価で「残念」をつけ返したりしてる
ホントだー!!!
あわわ
あわわ
この人には悪いけどブロック※するしかないいね
いらない椅子のためにトラブりたくないし

※特定の利用者からの購入やコメント・いいねなどを制限できる機能

かくして初のブロックをすることになったのだが――
平和だー
ピローン
がばっ
ええ!?
こんどはなに?
ピロ
ピローン
出してる商品に次から次に※違反報告されてる
えええええ!!!

※出品している商品が規約違反であるという申告。誰でも申告をすることができる

例の質問の人かな…
わからないけど違反商品を出してるわけじゃないし
むこうが飽きるの待つしかないね
その数日後椅子2脚はべつの人に購入された
ブォオオオオォン
残り2脚か
「いいね!」いっぱい付くけど売れないから
値段下げて1脚ずつ出品してみる?
処分価格で…
あ!さっそく1脚売れた!
スゴイ!
送料購入者負担で出品されてる…
だって少しでも安く出品したくて

匿名配送じゃなくなるけど
ハッ
東京《とうきょう》の人か
まあ何ごともなければいいけど
ブォオオオオン
天国のおじーちゃん おばーちゃん 我に力をー…!
ピシャーン
しかし
その何ごとかは
あったのである!
なんでこっちが故意にやったみたいな文章を
ひいいいいい!
あああああ どーしよー!
キャップがないって脚の先の黒い部分か——
きゅぽっ
手ではずせない固さだから自然に取れるとは思えないけど…
家中《いえじゅう》捜したけどどこにも落ちてないよ……!
最初から取れてたのかな……
ぜーはー
配達中とか向こうの家で開梱《かいこん》した時になくなった可能性もあるけど確かめようがないし

座った時 違和感なかったから取れてたなんてことない思うけど……
16:51
ダイニングチ
ダイニングチェア ブラウン 茶 レザー 合革 椅子
¥5,000
写真じゃ微妙に確認できないし
まあ謝罪文と「キャップをお送りさせていただきます」っていう取引連絡をいれておこ
カタカタ
残りのイスから取ったやつね
それで一件落着だねー
よかったー
しかし――
ピローン
あ 返信がきた
どうだった どうだった⁉
どーーん
この私にそのキャップをはめろというのですか？
そちらの落ち度なのに
納得いかないですね。
誠意が足りないのではないですか？
それなりの対応をとらせて
もらってもああだこうだ……
なんでこんなに攻撃的なんだか……
もはや恐喝…
ひぃぃぃぃぃぃぃぃぃ
すごいのきたー！
こうなったら国外に逃亡するしか！
ジュンちゃんパニックにならないで
あーん こんな送料さえ払ってくれたらあげてもいいくらいのいらない椅子のせいでどうしてこんなことにー！
ビシィッ
それかも！
え？

「送料無料で椅子をもう1脚お送りさせていただきます」という旨の取引連絡を送ると
「わかりました こちらにある椅子はこちらで処分してもいいです」という返信がきて
事態は急に片づいた
もう1個出してるの見てタダで手に入れたかったのかな
わからないけどね
それにしても今回はホンットに大変だった!!!
身の危険を感じたし!
ひとりだったら恐怖で乗り切れなかったよー!
メイがいてくれてよかったー!
まあ匿名配送を徹底するという教訓も得られたし
ナゾのポジティブさ
あの椅子がなくなってからなんか調子いいんだよねー
よし残りの遺品も一気に片づけちゃおう!
遺品残量
あと49%
こうして事件は一件落着したが——
この呪われた椅子は今でもどこかに存在している

SPECIAL COLUMN

メルカリさんに聞きました！

mercari

6 誤送の対処法

Q 違う商品を送ってしまった時は？

A 返送をしてもらい、再発送を！

間違った商品を送ってしまった場合は、購入者と双方で送料の負担を話し合いのうえ、返送をしてもらい、再度正しい商品を送りましょう。その際、**正しい商品が先方に到着するまで、受取評価／キャンセル申請はしないでください**。取引が完了した、またはキャンセル済みの場合は、事務局でのサポートが困難になります。

❶住所を相手に教え、商品の返送をしてもらう

「らくらくメルカリ便」「ゆうゆうメルカリ便」などの匿名配送を利用していた場合、1取引には1発送までのため、発送通知後以降の発送には匿名配送は使用できません。取引メッセージ欄で住所を伝えて、郵送や宅配便にて商品を返送してもらいましょう。取引メッセージは第三者に公開されませんので、安心してください。

出品者が商品を入れ間違えた場合は、送料の負担を検討したほうが良いでしょう。

梱包の箱が同じサイズだったから…
やっちゃったー
80サイズ

❷相手の住所を聞いて商品を発送し、評価をもらう

①と同様に匿名配送は使用できません。取引メッセージ欄で相手の住所を聞いて、郵送や宅配便にて正しい商品を再送してください。相手に商品が届いたら双方の評価を行い、取引を終了させます。最初のメルカリ便の送料は、取引完了と同時に差し引かれます。

どちらの配送にも、トラブル防止のため、追跡サービス付きの配送方法をおすすめします。

また、購入者が正しい商品の発送を希望しなかった場合は、①で商品が返品された後、キャンセル申請をして取引をキャンセルすることもできます。キャンセルについてはメルカリガイドの「取引のキャンセル方法（メルカリ）」をご確認ください。

Q やりとりでトラブルが発生しました

A 事務局に連絡を！

購入者からの返答がない場合や、再発送や送料負担について話し合いで解決しない場合は、商品IDを記載のうえ「メルカリ」の事務局に問い合わせましょう。問い合わせ内容に応じて、トラブルの解決をサポートしてくれます。

アプリから：

マイページ→お問い合わせ→お問い合わせ項目を選ぶ

webサイトから：

マイページ→ヘルプセンター→お問い合わせ→お問い合わせ一覧→お問い合わせする→お問い合わせ項目を選ぶ

このナゾの毛皮はいったい…
ムートン?
まさかマタギだったのでは
こんなの売れるわけないよー
出すけど…
ポチポチ
ムートンラグ　ラグマッ…
SOLD
ラグマット　ラグカー
力産　凸凹物産
¥10,000 送料込み
いいね!
コメント
商品の編
売れたー!
しかも1万円!!
第8話
リサイクルショップも利用!
いやー何が高額で売れるかわからないね
よーしがんばって残りも出品するぞ!
ゲンキンな叔母《おば》だ…

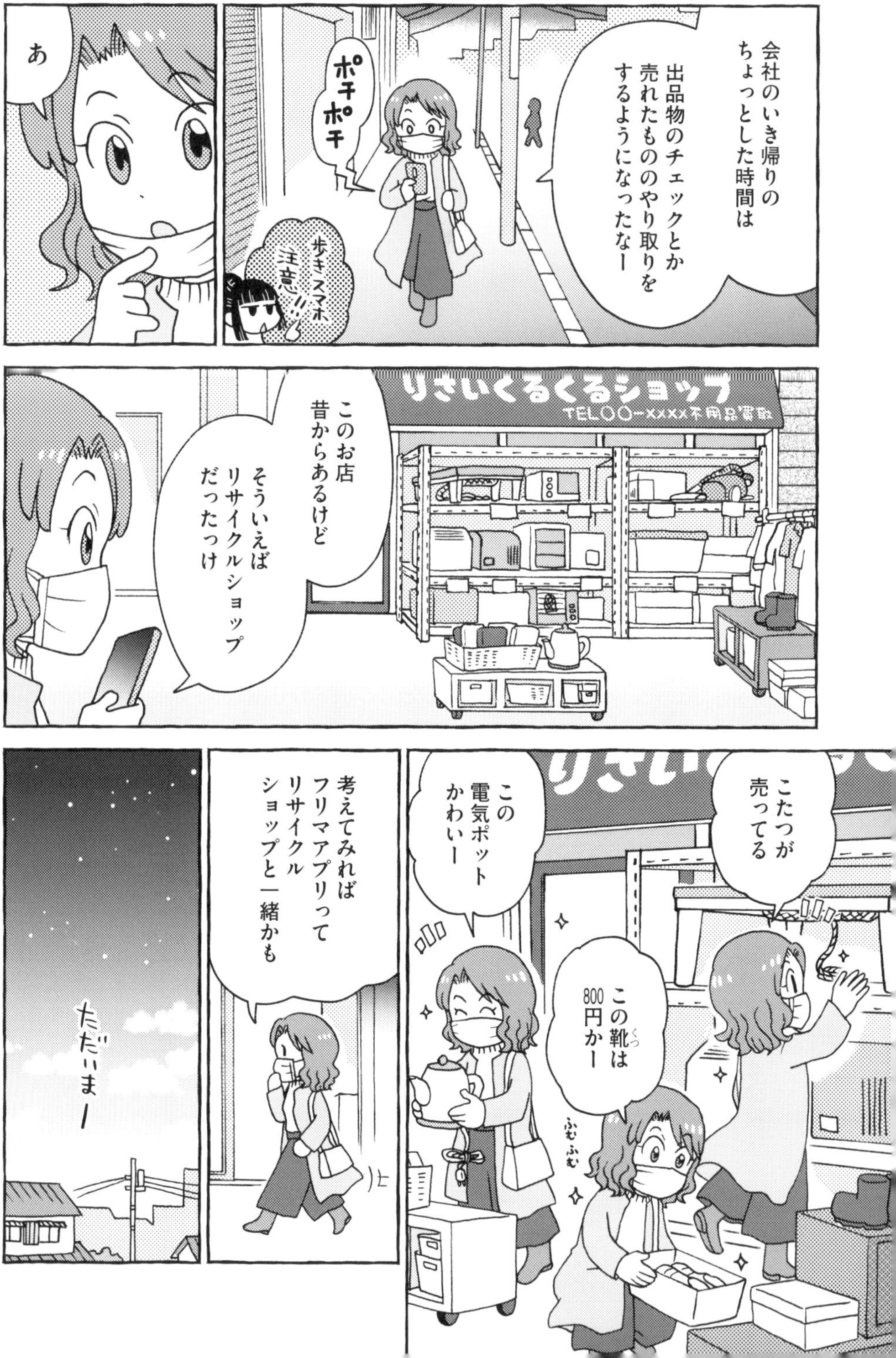
会社のいき帰りの
ちょっとした時間は
出品物のチェックとか
売れたもののやり取りを
するようになったなー
ポチポチ
歩きスマホ注意!!
あ
りさいくるくるショップ
TEL〇〇-XXXX不用品買取
このお店
昔からあるけど
そういえば
リサイクルショップ
だったっけ
こたつが
売ってる
この
電気ポット
かわいーー
この靴《くつ》は
800円かー
ふむふむ
考えてみれば
フリマアプリって
リサイクル
ショップと一緒かも
ただいまー

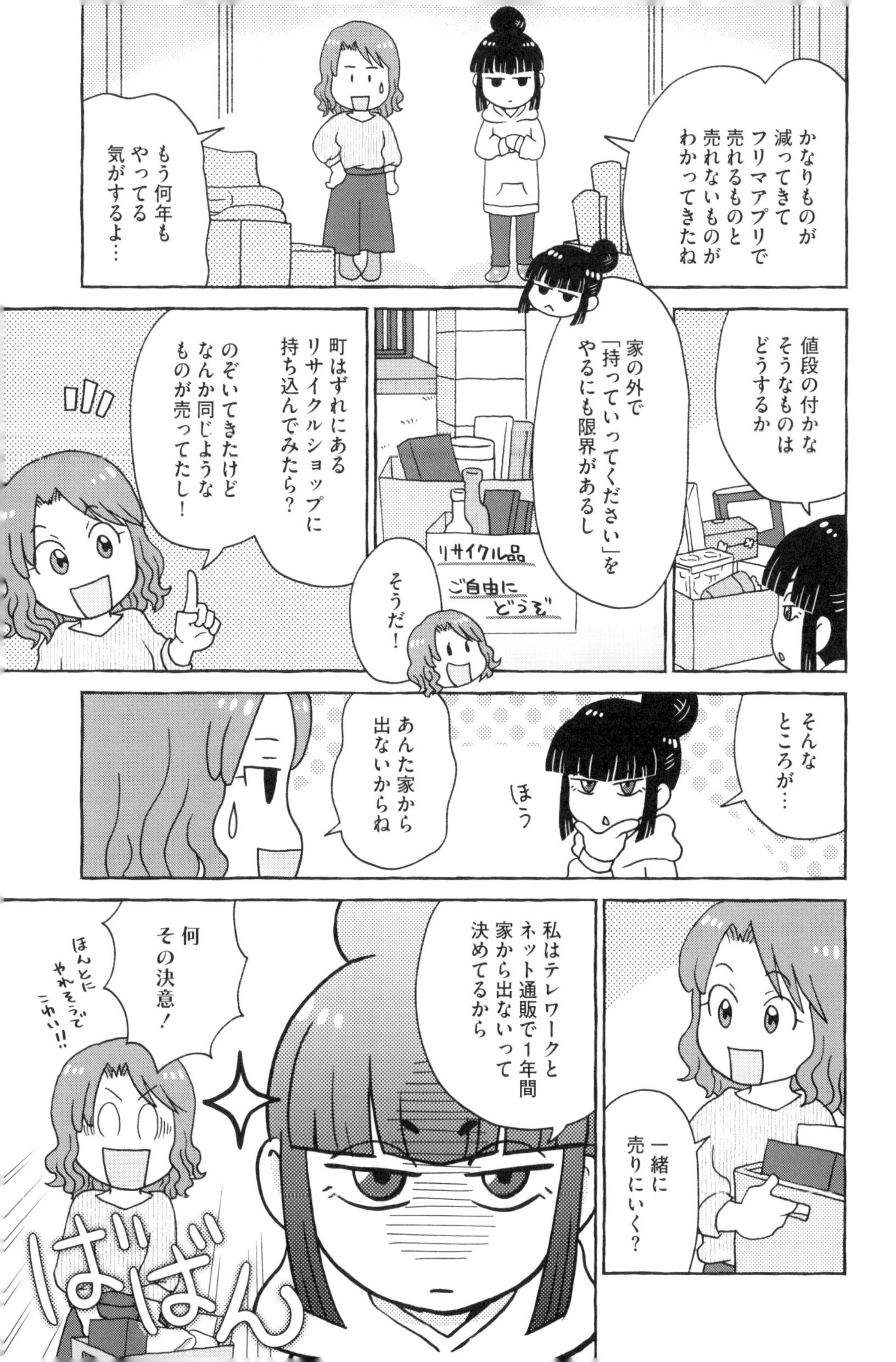
かなりものが減ってきてフリマアプリで売れるものと売れないものがわかってきたね
もう何年もやってる気がするよ…
値段の付かなそうなものはどうするか
家の外で「持っていってください」をやるにも限界があるし
リサイクル品
ご自由にどうぞ
そうだ！
町はずれにあるリサイクルショップに持ち込んでみたら？
のぞいてきたけどなんか同じようなものが売ってたし！
そんなところが…
ほう
あんた家から出ないからね
一緒に売りにいく？
私はテレワークとネット通販で1年間家から出ないって決めてるから
何その決意！
ほんとにやれそうでこわい!!
ばばん

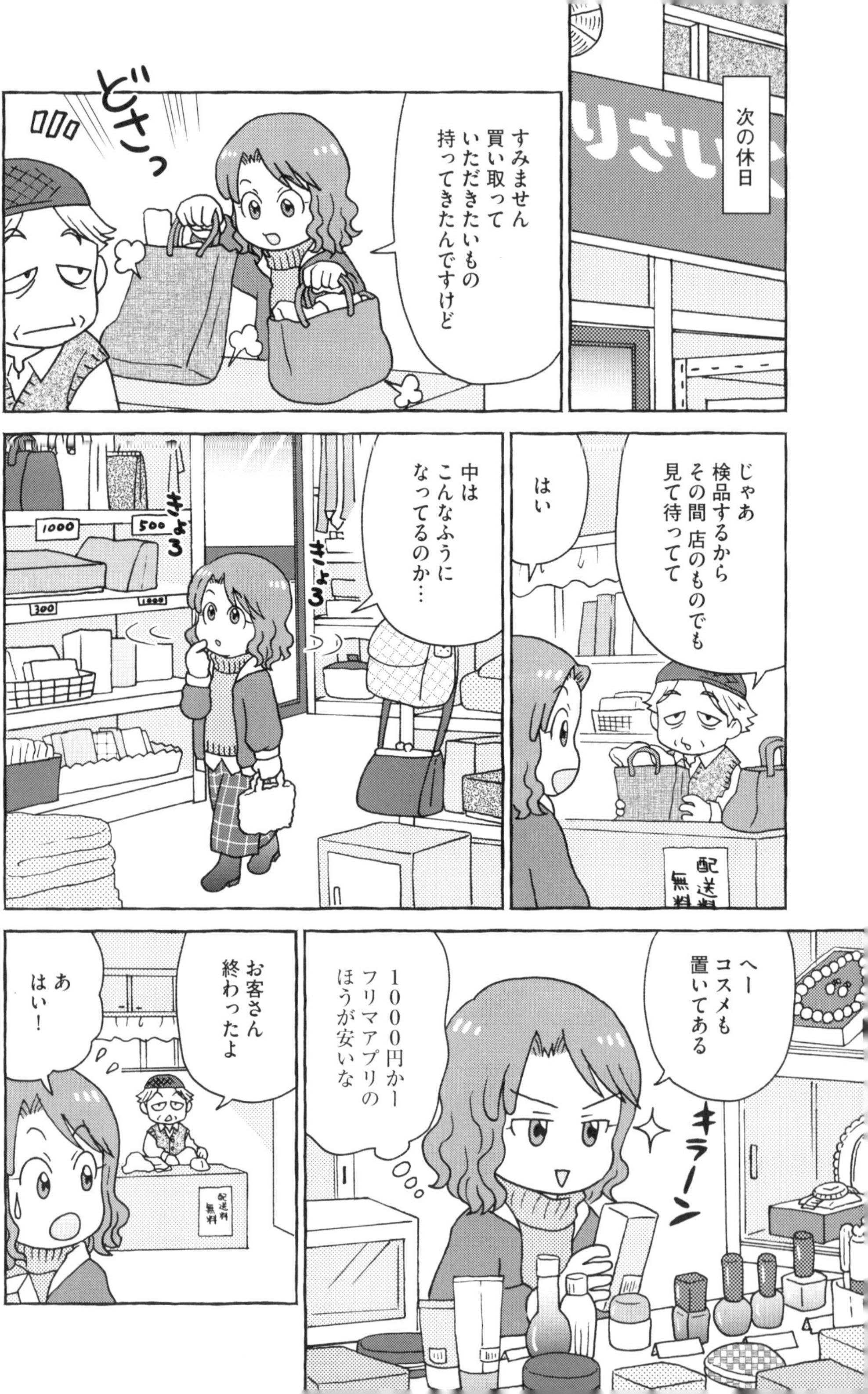
次の休日
りさい
すみません
買い取って
いただきたいもの
持ってきたんですけど
どさっ
じゃあ
検品するから
その間 店のものでも
見て待ってて
はい
配送料
無料
中は
こんなふうに
なってるのか…
きょろ
きょろ
1000
500
300
1000
へー
コスメも
置いてある
キラーン
1000円か～
フリマアプリの
ほうが安いな
お客さん
終わったよ
あ
はい!
配送料
無料

このストールは200円
こっちのポーチ類は300円
ふむふむ
白くなってるのは全部そうだね～
このバッグは中がカビてたから引き取れないね
捨てるしかないよ
す…すみません
全部で1500円かな
それでいい?
パチパチ
はい!よろしくお願いします!
まあまた何かあったら持ってきてよ
ありがとうございます
ただいまー
全部で1500円だったよ
その箱は…
じゃん
お買い得商品があったからつい
3000円
最近運動不足だしね!
そうやってものが増えていく……
ギクッ
マイナスじゃん

ま
まあ不要になったら フリマアプリで 売ればいいし
そのあたりは 値段的にも 抜かりはないから!
ほらほら
13:46
フロアステッパー
¥8,000 送料込み
商品の編集
ほかにも フォンデュ鍋とか 安く売ってて
買ってきて アプリで売れば 儲《もう》かるかも!
それ ただのセドリだから
目的かわっちゃってるし…
店に 売りにいくのも アリだね
他になんかない?
ほかに この銀盃《ぎんぱい》とか 貴金属類が 売れそうかな
これ名前が 入ってるけど 売れるの?
じーちゃんの名前か…
買い取ったら 溶かしちゃうから 問題ナシ
ただ 売りにいくなら 貴金属買い取りの専門店に いったほうがいいかも
カタカタ
ででーん
グラム単位で 日によって値段が 変わるから今が 売りどきかもね
金属買取相場 チャート
株式取引 みたいに なってる!

SHIROGANEYA
貴金属
宝飾品
ブランド品
買取
SHIROGANEYA
全部で165gですから1万6千円ですね
この値段で大丈夫ですか？
それともほかのお店も回られますか？
あ その値段で大丈夫です
じつは三軒目
あのー あんまり状態が良くなかったんですかね？
色もかわっちゃってるし…
いえいえ くすみは銀製品特有のものですから
純度の高い銀は軟らかすぎるので加工の際はほかの金属を混ぜるんですよ
ですから この場合は含有量の問題ですね
手でもまげられるくらい
はー なるほどー！
水につけて比重計で純度を調べる
予想と少し違ったけどいい金額になったな

フン
フン
このお金でいいものでも出前しちゃう？
そういうと思って全国のおいしいものを調べておいた
ばばん
全国おとりよせグルメタウン
さすがメイ！
うわー！テレビでやってた高級和牛すき焼きだ
ご当地の餃子《ギョーザ》やおでんも取り寄せできるらしいよ
ネット通販が気に充実して日本中＆世界中のグルメを家で食べられるようになったねー
じゅるり
でも届くのは明日以降なので今日は食べられない
それかー！
がくー
今日はあるもので済ませようかと
賞味期限が近い即席麺とか
よしっ
近所のスーパーに半額のお総菜買いにいってくる！
遺品残量
あと40%

お歳暮《せいぼ》でもらったティーカップセット!
7000円で売れた!
ばん
未使用の本革名刺入れ!
5000円で売れた!
ばん
ガーデンオブジェの天使!
4000円で売れた!
ばん
鉄製の鷹《たか》の置物!
8000円で売れた!
ばん
第9話
コレクターアイテムをどうする?
いやー けっこう売れるね フリマアプリ
ものも減ってきたし
あなどれない金額になってきた

パシャッ
商品を撮影して
カタカタ
ネットで調べて説明を書いて
1〜2日で発送
ポチッ
出品！
¥800
¥7,200
売れたら商品を梱包して
コンビニに持ち込んで発送
最初は1個1個大変だったけど
手順がシステム化されると意外とラクだし
フリマアプリのやりとり自体もわりと楽しいしね♪
あとは収集癖があったおじいちゃんが集めていたものと
おばあちゃんの趣味の着物かー
どどーーん

まずは おじいちゃんの 古本と切手と古銭《こせん》ね
まさに昭和《しょうわ》の コレクション アイテム
古本は冊数が 多いけど
よく床が ぬけなかったな…
「メルカリ」は バーコードを 読み取るだけで 出品できるでしょ？
バーコードが ない時代の本 だけど
ちーん
死
でも稀少《きしょう》本も あるかもよ？
それだ！
がばっ
調べて値段の つきそうなものは フリマアプリで 出品して
残りはまとめて 古本買い取りの 業者に送ろう
昔はひとつの 商店街に1軒は 古本屋さんが あったのにねー
今は 普通の書店で すらなくなって きてるから
なんでも ネットで済ます 人が増えてきたから
じーーっ
さ 古本の買い取り額が 送られてくる前に
どんどん 出品しないと

フリマアプリでは現金や古銭・未使用の金券や切手は出品できないからオークションサイトに出そうと思うけど
カタカタ
切手は普通に全国の郵便局で売られてた記念切手ばかりだから
出回りすぎてて価値のあるものはないみたい
見返《みかえ》り美人《びじん》の未使用シートとかはなかったの？
そんなものはない
そっかー でも郵便局で引き取ってくれるんでしょ？
はー
何いってるの引き取ってくれないよ
ええっ⁉
同じ額面の※切手か葉書《はがき》に換えてくれるだけ
そんなー！
自分で使おうにも今はリアルで手紙なんて書かないし
メールで・・・
なんでこんなに買ったの…
チーーン
終わった…
まあ
かさばらないだけマシなんじゃない

※所定の手数料がかかります

未使用のテレホンカードも少し出てきたけど
それも調べておいたけど
値段のつきそうなものはなかったかな
※こちらも所定の手数料がかかります
でもテレカはNTTに持っていけばお金に換えてくれるでしょ？
ぶんぶん
ううんNTTも現金化はしてくれないよ
ガクガク
固定電話の支払いに使えるだけ※
ガーン
固定電話なんて引いてないし…
チーン
終わった…
ちなみに金券ショップでも1枚80円で買い取りとかだね
もうやめてー!!
ききたくないっ!!

でも私たちには
まだ古銭がある！
どん
パカッ
これは宝の山
なんじゃないかと
思っているのよね
勝手に開けて
調べといたけど
そんないい値段の
つくようなコインは
なかったよ
エエッ!?
まあ古銭て
価値があるように
見えるけど
普通に出回ってた
ものだからね
正徳小判《しょうとくこばん》とか
古銭銀《ぎん》とか
希少価値の高い
穴銭《あなせん》とかが
あれば良かったけど
今の流通紙幣の
コンマ以下の
単位だから
お店でも
使えないしね
ゴロゴロゴロゴロ
江戸《えど》時代に
タイムスリップ
したい……

パコッ
あ
トレーが
取れた
何このコイン
穴がズレてる
不良品じゃん
ガタッ
使えないから
燃えないゴミの日に
捨てよ……
そそそそれは
エラーコイン！
何それ？
製造過程で
鋳造《ちゅうぞう》に失敗して
ほとんど一般に
流通しない
コインのこと
保存状態によるけど
5万円くらい
したりする
エーーー!!
どどん
これは穴ズレの
位置が大きいし
価値が高いかも
強気で出品しよう！
ドキドキ
ドキドキ
カタカタカタカタ

わー！ものすごい勢いで入札されてる！
ドドドド
ドドド
ピロリローン
即決価格　60,000円
よしっ
即決価格で売れたー!!
安く送れるけど追跡のついた宅配便で送ろう
数日後
振り込まれたー！
ありがとうおじいちゃん
天国にいっても私たちにお年玉をくれるなんて…！
はぁああああ
げんきんな孫娘だ…
さあ
調子に乗ってきたところで
次はおばあちゃんの遺品も整理しないと！
着物か…
どうやって処分すればいいのかすらわからないな…
遺品残量
あと30%

SPECIAL COLUMN

メルカリさんに聞きました！

mercari

7 出品禁止商品

Q 出品ができないものはありますか？
A いくつかあります！

「メルカリ」は、誰でも簡単に商品を売ったり買ったりできるフリマアプリです。多くの方々が安心して安全な取引ができるよう、出品を禁止している商品があります。もし、禁止物に該当するものを出品していた場合は、取引キャンセルや利用制限などのペナルティーを受ける可能性があります。ここでは、気をつけたい出品禁止商品の一部をご紹介します。

❶医薬品、医療機器

「医療機器」といっても、通販サイトや家電量販店、ドラッグストア、雑貨店などで簡単に購入できるものが数多くあります。出品を禁止している医療機器の一部例をご紹介します。

- 自動電子血圧計
- 非接触式・赤外線式・耳式体温計（電子体温計以外の体温計）
- 家庭用超音波吸入器
- 家庭用低周波治療器
- コンタクトレンズ
- カラーコンタクトレンズ
- 家庭用マッサージ
- ピアッサー
- 補聴器

医療機器の区分は、必ず製品本体か外箱に表示されていますので、類似商品の出品を行う前には、「高度管理医療機器」「管理医療機器」または「特定保守管理医療機器」の記載がないことを確認してください。

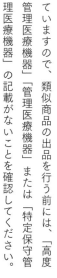

医薬部外品（許可なく製造・小分けされたものは除く）や、一般医療機器（法定表示がないものは除く）は出品可能です。表記をしっかり確認しましょう。

❷たばこ

- たばこ、葉巻
- ニコチンが含まれる電子たばこ、リキッド

iQOS《アイコス》など電子たばこの本体、ライター、灰皿などの喫煙グッズは出品可能です。

❸18禁、アダルト関連商品

青少年の健全な成長を阻害するようなR18指定のアダルト商品や、成人向けの商品の出品を禁止しています。

❹使用済みのスクール水着、体操着、学生服類

青少年保護・育成および衛生上の観点から、出品を禁止しています。クリーニング済みの品物であっても出品はできません。競技用水着やレジャー用の水着・ジョークグッズなどコスプレ品は出品可能です。

❺現金、金券類、カード類

- 現在流通している国内の貨幣（記念硬貨含む）
- 現在使用可能な海外紙幣
- 暗号資産（仮想通貨）
- 残高のあるプリペイドカード類（QUOカード、図書カード、テレホンカードなど）
- チャージ済みのプリペイドカード類（Suica、楽天Edy、nanaco、WAONなど）
- オンラインギフト券（iTunesカード、Amazonギフト券など）
- 商品券、ギフト券
- 航空券、乗車券、旅行券
- クレジットカード、キャッシュカード
- 債券、小切手、未使用の切手(円)、収入印紙、登記印紙
- 宝くじ、勝馬投票券
- 貴金属の地金（金属塊、インゴット、延べ棒など）、地金型金貨
- その他、金銭と同じ意味を持つもの

❻農薬、肥料

『メルカリShops』では、2022年9月30日より、農薬および肥料の取り扱いを開始しましたが、販売にあたってはルールがあり、一部販売できないものがあります。

❼象牙および希少野生動植物種の個体などのうち、種の保存法により必要とされている登録がないもの

象牙の全形、カットピースおよび象牙の加工品は出品を禁止します。また、トラやヒョウの毛皮や剥製などは、種の保存法に基づいて発行された国際希少野生動植物種登録票がなければ出品できません。種の保存法の対象となる動植物種は、環境省のホームページなどでご確認ください。

ここにあげたものは一例で、ほかにも出品を禁止している品物があります。くわしくは、『メルカリガイド』内の「禁止されている出品物」の項目を参照してください。

https://help.jp.mercari.com/guide/articles/259/

第10話 着物をどうする？

ばあちゃんの着物か～
一気に処分を考えるならやっぱり買い取り業者？
よくCMしてる
で———ん
でもただ同然で買いたたかれたり
貴金属を一緒に持っていかれたって話もあるよ
ひぃぃっ
こわっ
誰かに着てもらえるのが一番だろうけど
むー
今や誰も着物なんて着ないよ
待って！
いる！
kimono_bu_maki
258 投稿
30 フォロワー
着物部
キモノスキー
あつまれ！
フォロー中
メッセージ
着物部？

このたびはお招きいただきありがとー！
いらっしゃーい
着物部代表のマキでーす！
ジュン久しぶり！
ばばん
マキのSNSコミュニティー思い出して
がしっ
よくぞ思い出してくれました！
彼女学生時代から着物着ててね
学校にも着物着て自転車で通ってたのよ
チリリン
あっはっはっ
忘れるってほうが無理なキャラでは
部員に今日は集まってもらったよ
よろしくお願いしまーす!!
ズラッ
ちなみに着物好きの趣味の集まりね
いるところにはこんなにいるんだ…
それじゃあ着物会の開催といきますか！

わいのわいの
わいのわいの
このオビいい♥
キャー♥
ステキ
はんえり?
いいじゃない
フムフム
買い取ってもらえそうな着物ってありそう?
もし買い取りに出すんだったら正絹《しょうけん》の着物
ショーケン?
萩原健一
オイ
絹《きぬ》100%の光沢があってなめらかな手触りのもの
振袖
訪問着
いわゆるフォーマルな席で着る着物だね
留袖
などなど
さらさら
さらさら
じゃあこれもそうだ!
ってそれ喪服じゃない?
えっ
それは買い取りNGのとこが多いかな
たしかに今どき着物で喪服とか見ないもんね
なんでも需要と供給だから

ゾワゾワ
これはウール
これは綿《めん》
ザラザラ
サラサラ
こっちは夏の着物で麻《あさ》だね
触っただけでけっこうわかるもんなんだ
ふーん
ウールは柄も派手《はで》でポップだね
カジュアル着でもともと安い着物だから
買い取りだと値段がつかないものが多いけど…
自宅でも洗えて管理がしやすいし
普段着として着てる私たちにはありがたい品ってわけ
私がいま着てるのもウール♥
へぇぇ
うっ これは黄ばんでる
こっちはシミがある
そういうのも買い取りの対象外にはなっちゃうね
洋服の買い取りの時にそれは実感してる…
ズーン
思い出したくなかった…
いったい何があった
でも私は気にせず着ちゃうかな
帯や羽織《はおり》で隠れたりするし

最悪
材料にも
なりますよ～
材料？
私は古い帯とかで
テーブルライナーとか
かばんを作って
「メルカリ」で
売ってたり
します～
材料の帯や着物は
メルカリで購入
3,000
2,000
SOLD
4,000
マジで！
じゃあ
状態の悪いものは
まとめて出品
しちゃうか！
← 着物 リメイク
まとめ売り
まとめ売りは
有効かも
ジュン自身は
着物着て
みる気ないの？
えー
無理無理
自分で
着付けも
できないし
今日は
着物会だよね
キラーン
え？
えええええ～！

じゃじゃ〜ん
なんで私まで…
この着物…
ばあちゃんが着てたの覚えてる！
一度は袖を通してみるもんでしょ
メイも似合ってる
こういうのもありなんだ
和洋ミックスコーデする若い子も増えてるから
アリアリ!!
着付け覚えるのも悪くないかも…
こんどはこっちの着物!!
こっちのおびじめで!

私も祖母が着ていた着物をもらったのがきっかけでさー
洋服とあわせたり
ついで着たり工夫する
そもそも祖母とは身長が違いすぎて
もらった着物はそのままだと着れなかったんだけど
私みたいにサイズが合うのは貴重なのか〜
そーよ
和モノの
私はもともとコスプレ好きでハマっちゃって
私は洋服では着ない色や柄を着られるのが楽しくて
へえ
着物部のメンバーで着物の交換会も時どきやってるの
循環の輪ができてるってわけね〜
あと着物好きを公言してると
着物が集まってくるから抜けられないのよこれが
沼だね
沼
ジュンもおいで〜
ひーそれは考えさせて

お世話になりましたー
またねー
めぼしい着物はほとんど引き取ってもらえたし
残りの処分も頼めて良かったよね
まかせて!!
知りあいのリサイクル着物店へ持ってくから
結局あの着物だけは残したんだジュンちゃん
全部手放すのは違うかなって思って…
あれっ? メイもその半纏《はんてん》!
まーね
古い着物をといて作ったっポイ
それより空《から》になった着物箪笥《だんす》はどうすんの?
そ…それもあったか!
闘いはつづく!!
遺品残量
あと20%

SPECIAL COLUMN

メルカリさんに聞きました！

mercari

8 着物の出品について

Q 着物の出品のコツは？

A いくつかポイントがあります！

着物は新品で購入すると高額なことが多く、手頃な価格で販売されている「メルカリ」をチェックする利用者が多くなっています。実際「メルカリ」では、さまざまな種類の着物はもちろん、帯や帯留め、かんざしなどの小物も出品され、多くの利用者に購入されています。

❶あらかじめキレイにしておく

着物を売る時は、あらかじめキレイにしておくことが大切です。汚れやほこり、ニオイなどをケアするため、クリーニングできる場合は、近くのクリーニング店や着物専門のクリーニングサービスなどで手入れをしましょう。※**「クリーニング済み」で出品したものは、しなかったものに比べて1.6倍高く、1.2倍多く売れたというデータもあります。**ただ、クリーニング代によって、収支がマイナスにならないよう注意しましょう。ニオイは、陰干しをすると軽減できる場合が多いです。

※https://jp-news.mercari.com/articles/2022/07/20/station/

❷需要が高まるタイミングで出品する

着物の種類によっては、着用するタイミングが決まっているものがあります。たとえば、振袖や袴であれば、入学式や卒業式などのハレの式典で着用されることが多いため、イベント前の準備期間に出品すれば、売れやすくなります。季節が過ぎているなら、来シーズンまで待って出品するほうが良いかもしれません。

❸汚れや傷は写真・商品紹介文で必ず説明する

しまったままになっていた古い着物には、汚れや傷がついている場合もあります。トラブル回避のためにも、カビやシミ、傷などは、写真や商品紹介文でしっかり説明しましょう。状態を判断して購入されるため、販売後のトラブルが少なくなります。

そのほかにも、着物と小物や帯などを一式セットにして販売したり、品名に「着付け練習用」「撮影用」と入れると効果的な場合もあります。処分してしまう前に、とりあえず出品してみてはいかがでしょうか？

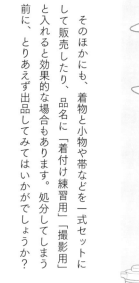

「メルカリ」は物を売るだけじゃなくて買うこともできて便利〜！
これはハマる〜!!
いろんな商品が売っているからね
高級ハンドクリーム買っちゃった
生活必需品も買えるのがありがたい
しかも半額！
やったね！
物を売った売上金で商品が買えるのもいいよね〜
ポチ
あっこれもお得！
これも！
ポチ
数日後——
メルカリからお届けでーす
第11話
フリマアプリ事件簿!?
だからって買いすぎたらお得の意味がないでしょうが
またジュンちゃんあての荷物…
ゴゴゴ
ゴゴゴ
つ…つい出来心で
でで〜ん

いよいよ遺品も少なくなったな〜
今までいろいろ売ってきたよね
変な土のもね
そしていろいろな事件もあった
たしかに
①商品入れ替わり事件
靴の購入者からおもちゃが届いたって連絡が!
ば〜ん
商品を受け取りましたがゲームコントローラーのプラスチックハンドルが入ってました。送り先を間違えていませんか?
なんで!?
そもそもおもちゃなんて出品してないし!
無人ロッカーで発送手続きをして扉が開いた時
たまにほかの荷物がすでに入ってることがあるけど――
あれっ
気づかずそのまま入れちゃったらそれが原因で入れ替わるのかも?
もしくは輸送中に入れかわったりとか…
あの時は配送業者の手違いだったから無料で引き取り&再配達してくれたけど
あわわ
あわわ

こっちが間違えて送っちゃった時もあった
あったねー
②入れ替わり物ほしがり事件
漆器《しっき》の菓子鉢《かしばち》と陶器の菓子鉢が入れ替わって届いてる…!
漆器
陶器
えええええ!
梱包の箱が同じサイズだったから…
やっちゃったー
80サイズ
しかもこの人購入品と違う品が届いてるのに
でで〜ん
こちらの陶器の菓子鉢もステキですね。購入できたりしませんか?
実物見たらほしくなるあるある!
あの時は結局譲れない一点ものだったことであきらめてもらったけど
着払いでそれぞれに送り返してもらい再送
売り上げはプラマイゼロどころかマイナスに
勉強代だったね

懐かしのゲームソフトが高額で売れたり
孫たちのためにレアソフトが置いてあった中にあったんだよね!
ピロリロリーン
きゃー売れたー!!
浮かれてたのもつかの間
発送発送♪
るんたった
数日後――
ピロロロロロン
受取評価かな?
ナゾの返品事件
届きましたが
やはり返品させてもらおうと
思います。
さて、それでは
返金方法は〜
は!?!?!?
勝手に進めようとしてる?
ばん
どどどど
どーしよー!
これは承諾《しょうだく》したらだめ
送った商品に不備があるとか問題があるならともかく
すり替えってこともあるから

すり替え？
わかりやすい例だと
ブランド品の
正規品を送ったのに
購入者から
返品された品は
コピー商品に
なってるとか
コピー
本物
電化製品の場合
同じ型の壊れたものが
送り返されてきたとか
送ったのと
ちがう!?
マジで!?
メイが冷静な
おかげで
助かったよー
ジュンちゃんが
毎回あわてすぎ
なんだよ
うんうん
送料込みで
利益が少なく
なったとしても
「絶対に
匿名取り引き！」の
安心感を身にしみて
実感したもんね
それは
「④呪いの椅子事件」
じゃない？
あれかー…
ずううううん
一番たいへん
だったよ
あれは…
詳細は第7話を読んでね♡

ありえない値下げのリクエストもあったねー
送料と手数料を引いたら赤字になる！
ぎゃふん
3000円の商品ですがこちら500円に値下げできませんか？
⑤強気すぎる交渉事件
それを見こして高く出して
安売り厳禁
少しずつ値下げしていくことが重要だから
とはいってもいつまでも売れ残ってるのはどうしよっか
まとめて処分する業者は見つけてある
カタカタ
ここだ！
エコリユース
不用品回収
捨てずにリサイクル
こんなところがあるの！
壊れてない皿や未使用の服に文房具類
おもちゃやぬいぐるみも引き取ってくれるんだ～！
あくまで送料は負担だけどね

だったら箱に詰められるだけ詰めちゃおう！
食器類は新聞紙でくるんで割れないようにね
どーも
お願いしまーす
梱包したら集荷にきてもらって
数日後にホームページに――
たら〜ん
★3月5日　宅配寄付報告
★3月1日
★3月2日
★3月3日
あっ
私たちが送った箱だ
東京都　JM様
こうして誰かに使ってもらえるのがわかると
フリマアプリで次の人の手に渡った時と同じ喜びがあるね

まだ使えるから
もったいなくて
処分できない
そうやって寝かして
死蔵《しぞう》しちゃうん
だったら
送料を
負担したとしても
次にいかしてもらう
ことが大事だよね
どーーん
パチパチ
ジュンちゃんが
ついにその
境地に
お金払う
くらいなら
捨てちゃう
ほうがよくない？
とまで
いってたのに
それはもう
忘れて！
寄付するのも
悪くないでしょ
少しは捨てる
罪悪感が
薄らぐかな
なにより
エコだし
人にやさしく
地球にも
やさしくだね
私にも
やさしくして
ちょうだいよ
メイ…
遺品残量
あと10%

SPECIAL COLUMN

メルカリさんに聞きました！

mercari

9 その他いろいろ聞いてみました！

最後に、基本的な利用方法以外のことも。「メルカリ」を活用して、作中のジュンやメイのようにお片づけ生活をはじめてみてはいかがでしょうか？

Q 古いアイテムは売れるの？

A 「レトロアイテム」、伸びています！

現在、少し前の世代のアイテムの取引が「メルカリ」上で活発になっています。**「昭和レトロ」**を含む取引数は、コロナ前の２０１９年と２０２２年を年間で比較すると、なんと**約2.9倍！** 懐かしいおもちゃ・ホビー・グッズや家電などが発掘されたら、ぜひ「昭和レトロ」「平成レトロ」のキーワードをつけて出品してみましょう！ もちろん、アイテムは可能な限りキレイにしてからの出品が必須ですが、家電などは、「壊れています」と表記してもオブジェとして購入されることもあるようです。

懐かしのゲームソフトが高額で売れたり
孫たちのために置いてあった中にレアソフトがあったんだよね！

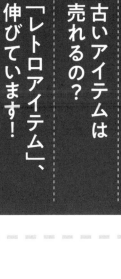

Q 意外な楽しみ方は？
A SNS的に楽しめます！

多くの利用者数を誇る「メルカリ」では、膨大な商品が出品されています。売買目的だけでなく、気になるアイテムのキーワードを入れて検索すれば、たくさんの商品写真が表示されます。その中で、たとえば洋服などのよく売れているもの、多く出品されているものを調べると、現在のトレンド傾向を知ることができますよ。また、前述の「昭和レトロ」「平成レトロ」と検索すれば、懐かしいキャラクターやアイテムが数多く表示され、画面を見ているだけでタイムトラベルをした気持ちになれるかもしれません。売りたいものがない時でも、ぜひアプリを使って楽しんでみましょう！

ピロリロリーン
有田焼 丸皿 盛皿 菊皿 染付 プレート 2枚セット 落札されました
最後の出品物が売れたー！
11:36
← 有田焼 丸皿 盛皿 菊…
SOLD
有田焼 丸皿 盛皿 菊皿 染付 プレート 2枚セット
¥4,000 送料込み
15
コメント
商品の編集
残ってたものもリサイクル業者に送り終わったし
ブォオオーン
ついに遺品整理終了だ――！
最終話
フリマアプリで終活を！
どどーん
遺品残量
0％

数日後――
ジュンちゃん
最後の皿の
購入者からなんか
メッセージきてるよ
えっ
まさか
このタイミングで
破損とか!?
私の梱包
しっかりしてた
よね？
大丈夫
だって
ほら
無事にお皿が手元に届きました。
以前 同じ皿を１枚割ってしまい
枚数が足りなくなっていて
ずっと探していました。
今回譲っていただきうれしく思います。
大事に使わせてもらいますね。
ありがとうございました。
これこそ
遺品整理の
望む形だよ
よかったー
うんうん
へなへな
いろんな
購入者がいたけど
終わりよければ
すべて良し
だね
思えば長い
道のりだったけど

これで ここも解散かな
がら〜ん
メイは どうする?
私はノマドだから 引っ越しは ラクだし
住み込みしながら ものを売る生活は ありがたかったけど
衣食住の売買を すべてネット で済ませる
ドドド
にもつ 届いたョ
MAMAZON
ダカダカ
ドドド
NONOTOWN
NONOTOWN
ダカダカ
ドドド
驚異的な オールネット 生活ね
ドド
その間ほぼ 家を出ずに すごしたけど
ついに この家を出る 時がきたかー
それはそれで すごすぎる……

そのダンボールは？
ああコレ
ALBUM
さすがにいますぐ処分はしなくていいかなって
これはフリマアプリで売れないいね
これなんて私が子供の頃に贈った似顔絵だよ
おいててくれたんだな～
ジュンちゃんが有名人になれば価値がでるよ
有名作家の直筆の手紙とかあるある～って
オイ!
この赤ちゃんってジュンちゃん？
うちの両親もわかーい
そうだ せっかくだから記念撮影しない？
ええ!?

ポコン
メールが届きまし
14:35
4月25日
あら
ジュンから
メール？
お父《とう》さん
これ見てよ
ウフフ…
えらく
楽しそうだな
なんだ？
JUN
遺品整理完了!
懐かしい写真や
手紙が出てきたよ
今度確認しにきて!
14:35
あの家も
スッキリしちゃった
わねぇ
ふたりとも
ずいぶん熱心に
やってたからなぁ
…私たちも
終活始めて
みようかしらね
どう？
そうだな
フリマアプリ？
あれも
楽しそうだし
頭の運動にも
なるかもな

ポコン
お母《かあ》さんから返信だ
ールが届きました
ええっ 終活始める宣言がきた！
終活始めようかと思ってるから今度フリマアプリの使い方教えてね
すごい心境の変化じゃん
昭和の団塊《だんかい》の世代やその親を持つベビーブームの人たちはものを捨てられないからね
まだまだ売るものがあるよきっと
このままいくと自分たちも同じになりかねない
たしかに
人生の折り返し地点まではものを買い
折り返し地点からはものを処分していくことが大事なのかも
いらない
いる
だから私も始めようと思って

終活を！
どん
とくに服とかカバンとかどんどん買っちゃうからね
なんだ てっきり自分をネットで売ることを始めるのかと
そうそう マッチングアプリとか婚活サイトでねー
あはは
コラーーッ!!
ん？ こんなところに扉が？
ガチャッ

茶わん
ジョッキ
茶器
グラス
おぼん
ばん
わー!
まだあった!
ばばん
もうしばらくは
フリマアプリで
遺品整理生活
延長だねー
トホホ…
でも
大丈夫
すでに
フリマアプリの
プロフェッショナル
だから!
なるほどね
あっ
これふたりで
最初に売ったのと
同じやつ
ホントだ
遺品残量
ふたたび10%

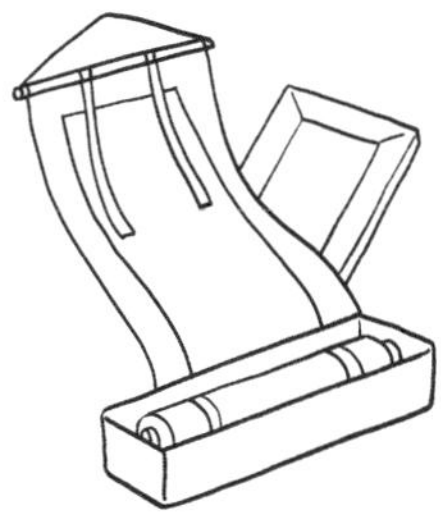

あとがき
桐丸ゆい
ついに終わったー！
ガラーン
フリマアプリで最後のテーブルと椅子まで売り切った
おかげで床テーブルだけどね
まあまあ
カタカタ
思い起こせばいろんなことがあったねー
なんといってもコロナ禍《か》！
買い物もいけなかったー
緊急事態宣言
荷物出しもたいへん

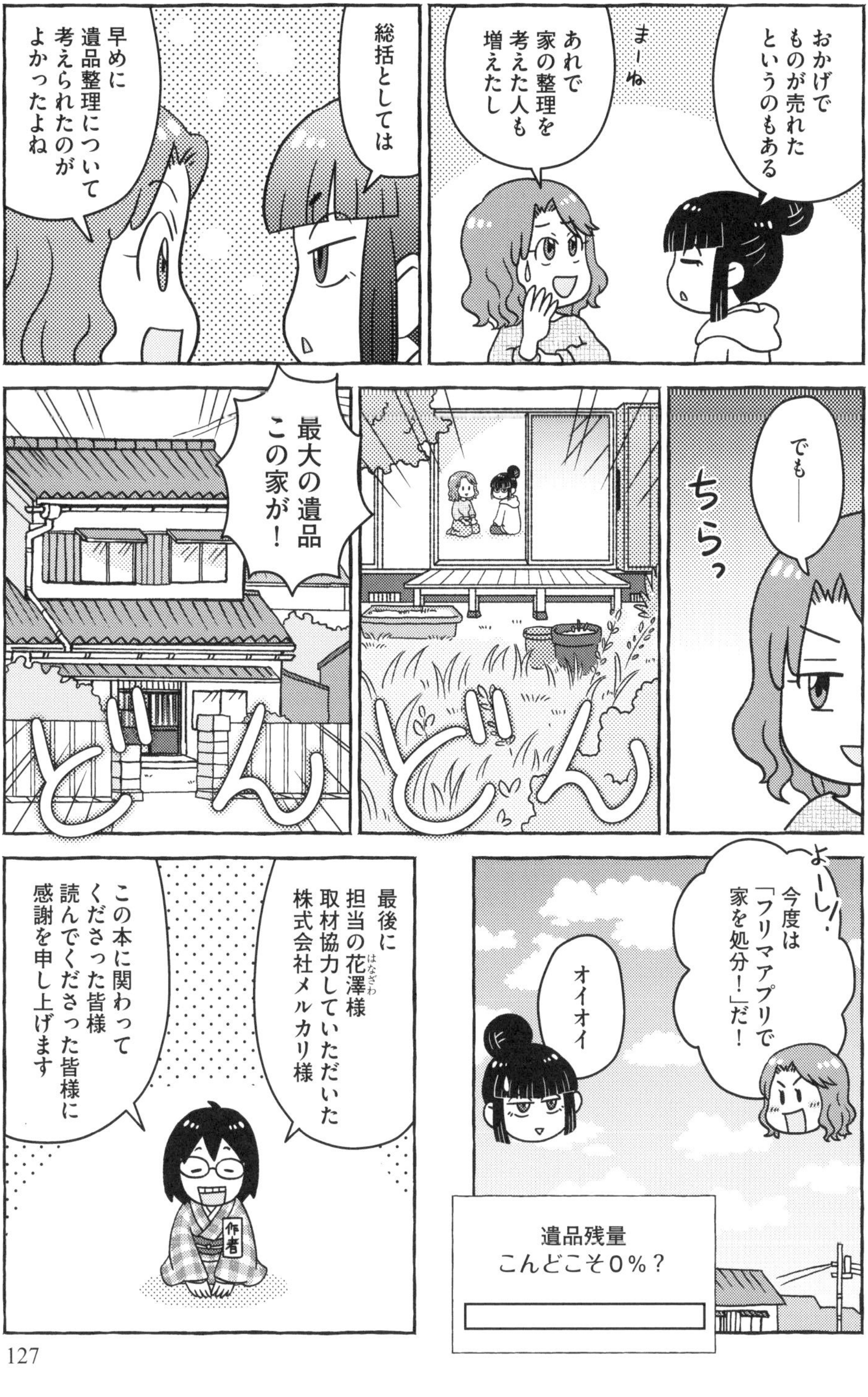
おかげでものが売れたというのもある
まーね
あれで家の整理を考えた人も増えたし
総括としては
早めに遺品整理について考えられたのがよかったよね
でも――
ちらっ
最大の遺品この家が！
どん
どん
よーし！
今度は「フリマアプリで家を処分！」だ！
オイオイ
遺品残量
こんどこそ0％？
最後に担当の花澤《はなざわ》様取材協力していただいた株式会社メルカリ様
この本に関わってくださった皆様読んでくださった皆様に感謝を申し上げます
作者

●初出
『本当にあった笑える話スペシャル』
2021年6月号～12月号
2022年1月号
『comicタント』
vol.26～29
※本書は上記の作品に描き下ろしを加えて構成しました。

フリマアプリで
遺品整理はじめました！

2023年4月20日初版第一刷発行

著者　桐丸《きりまる》ゆい
発行人　今 晴美
発行所　株式会社ぶんか社
〒102-8405　東京都千代田区一番町29-6
TEL 03-3222-5125（編集部）
TEL 03-3222-5115（出版営業部）
www.bunkasha.co.jp
印刷所　大日本印刷株式会社

ISBN978-4-8211-4657-4